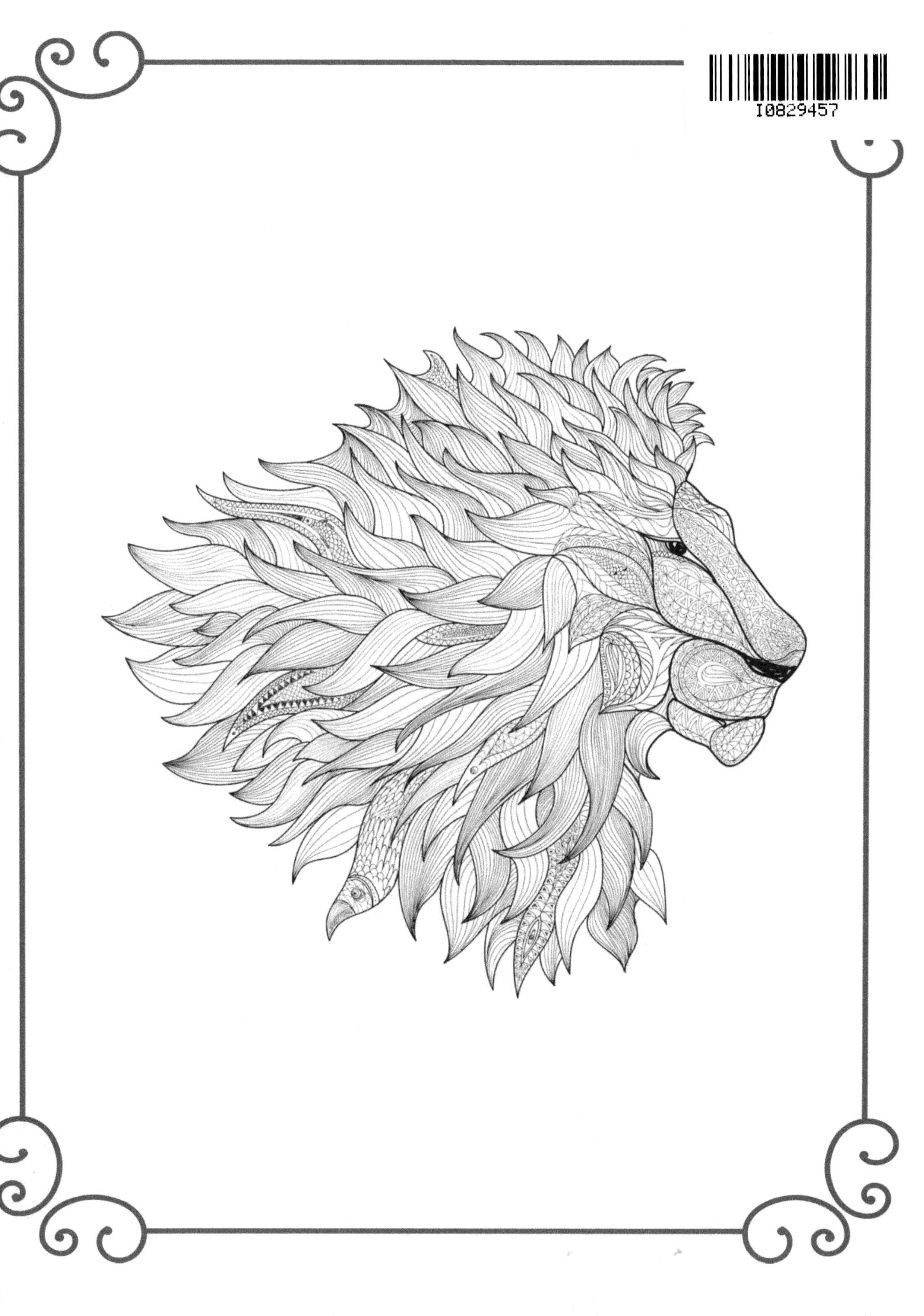
I0829457

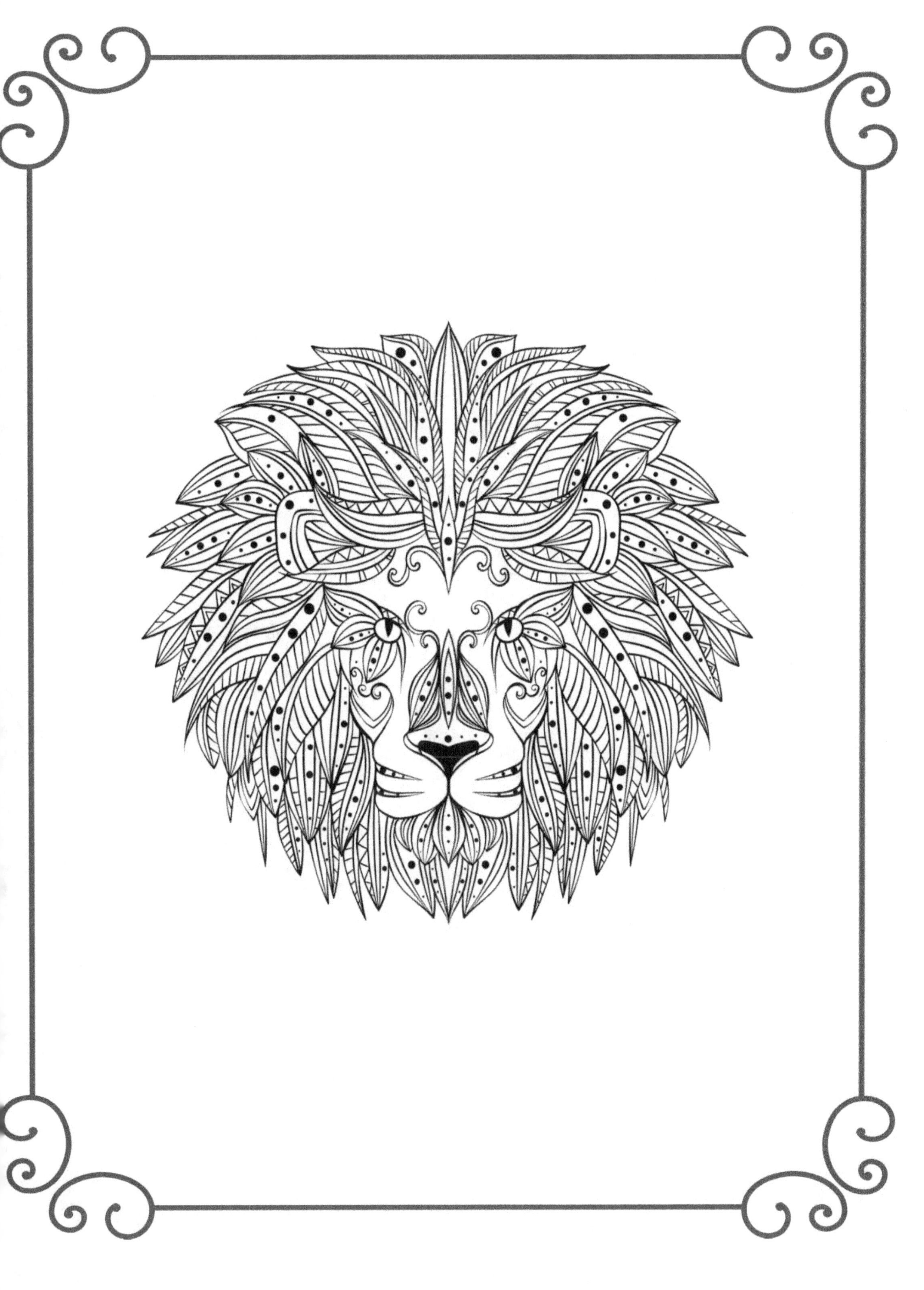

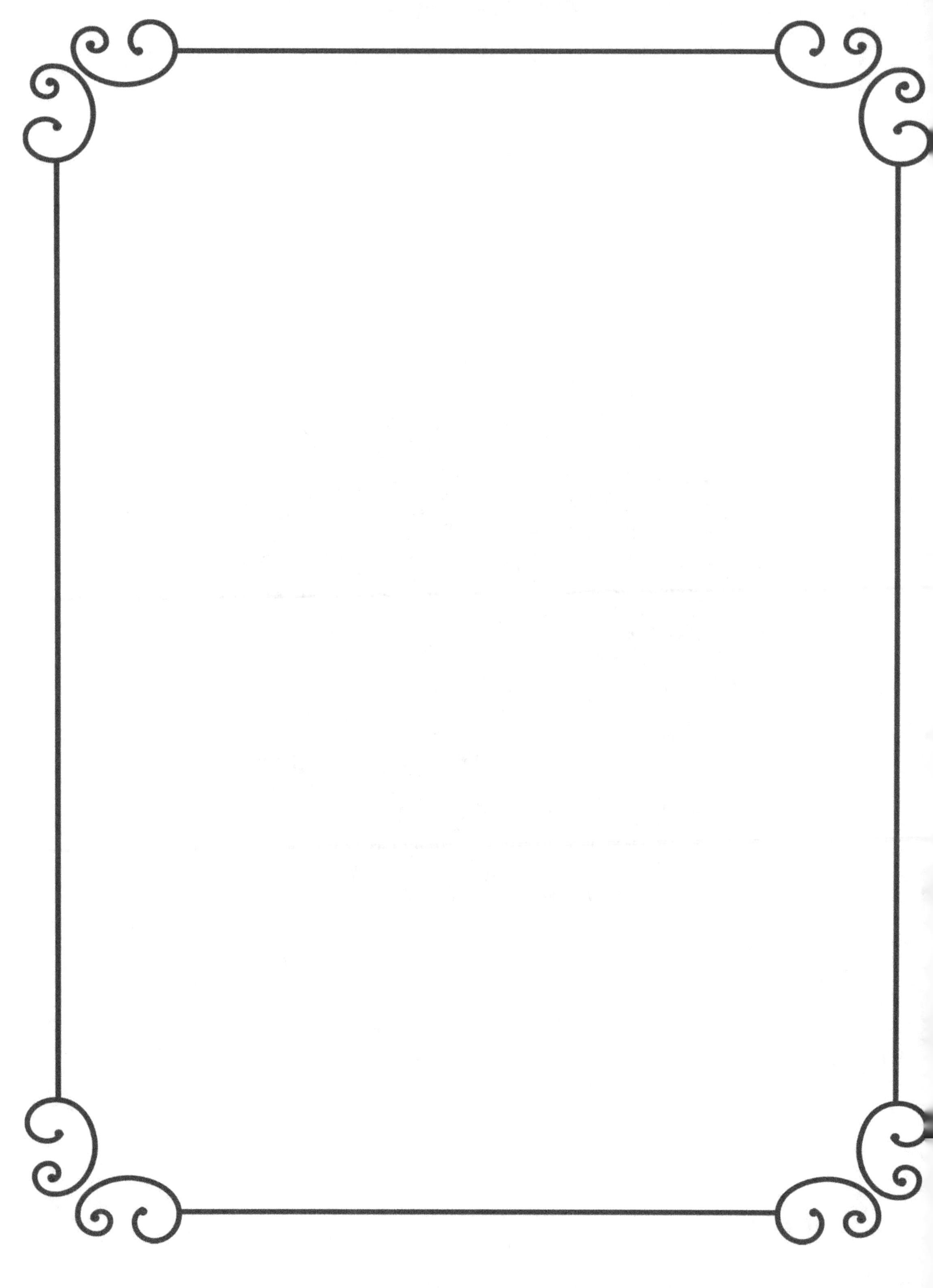

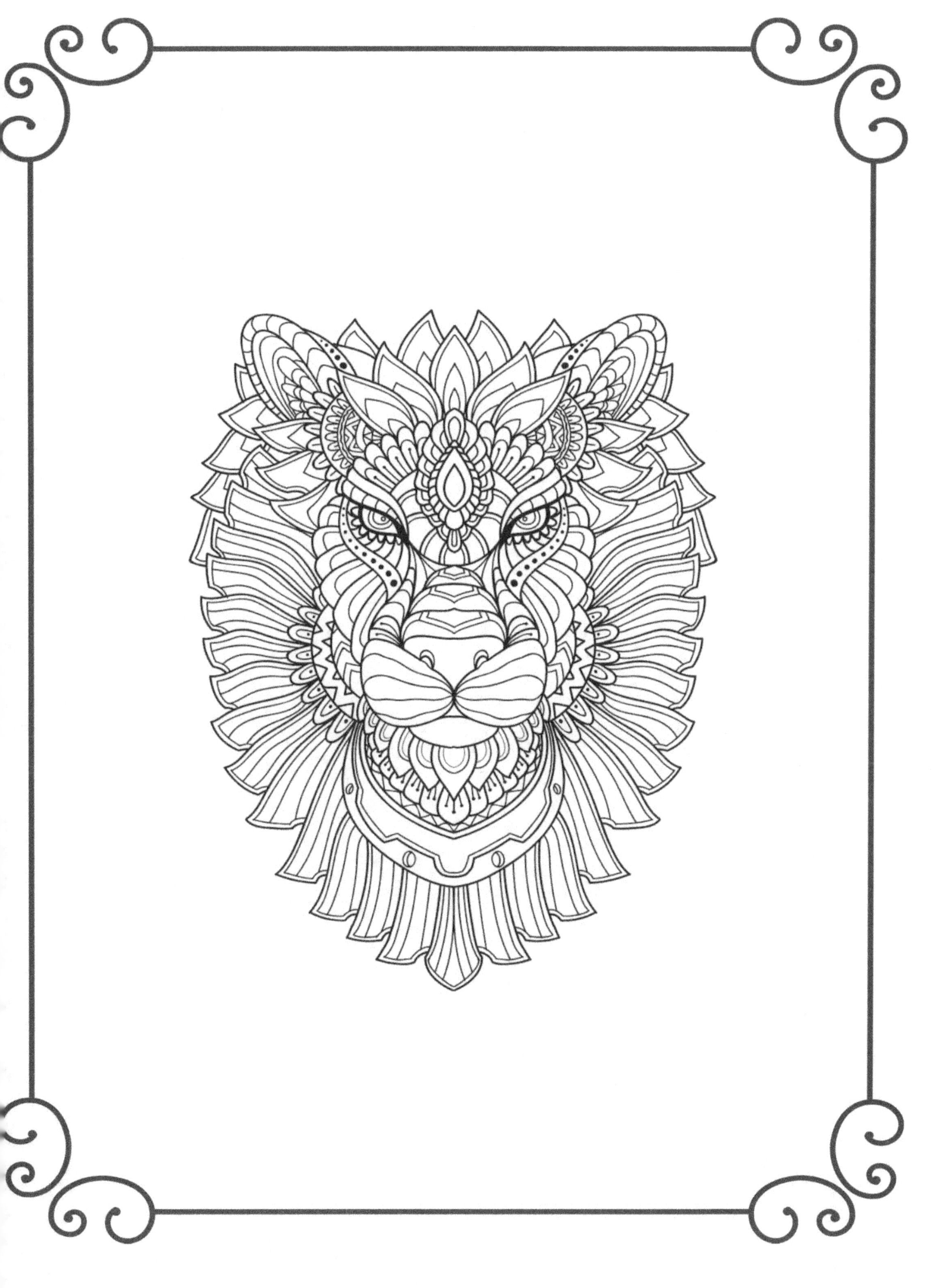

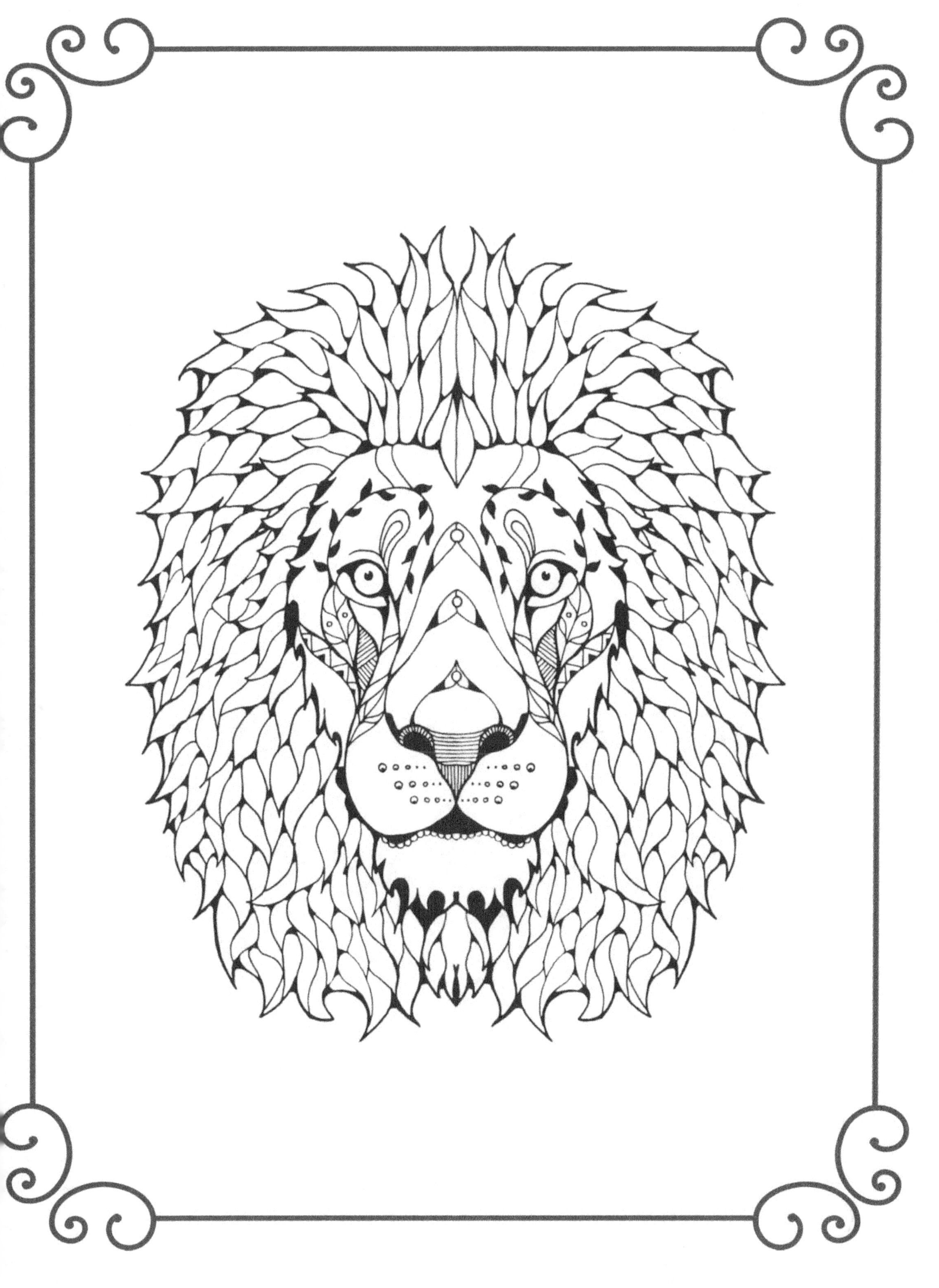

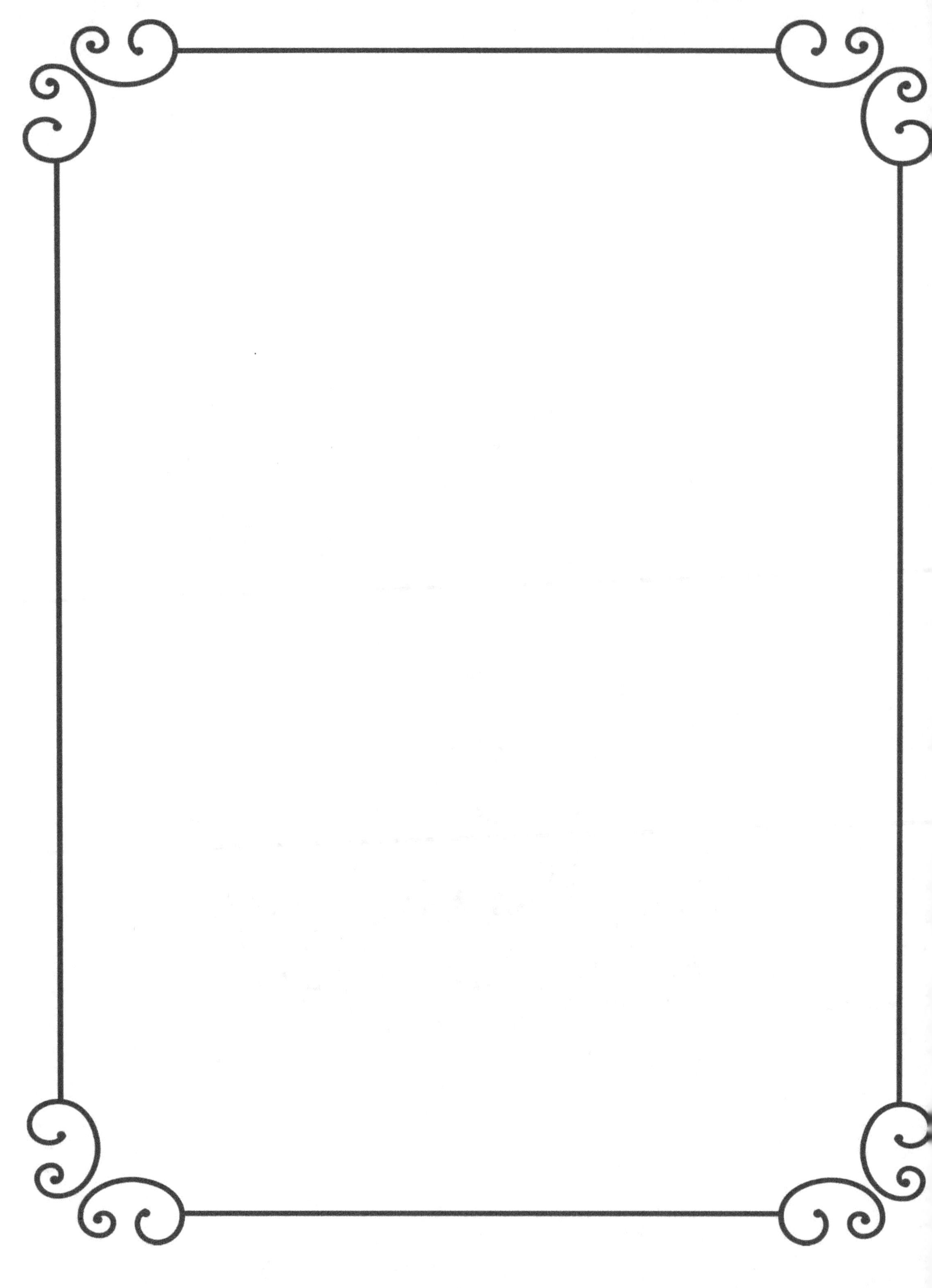

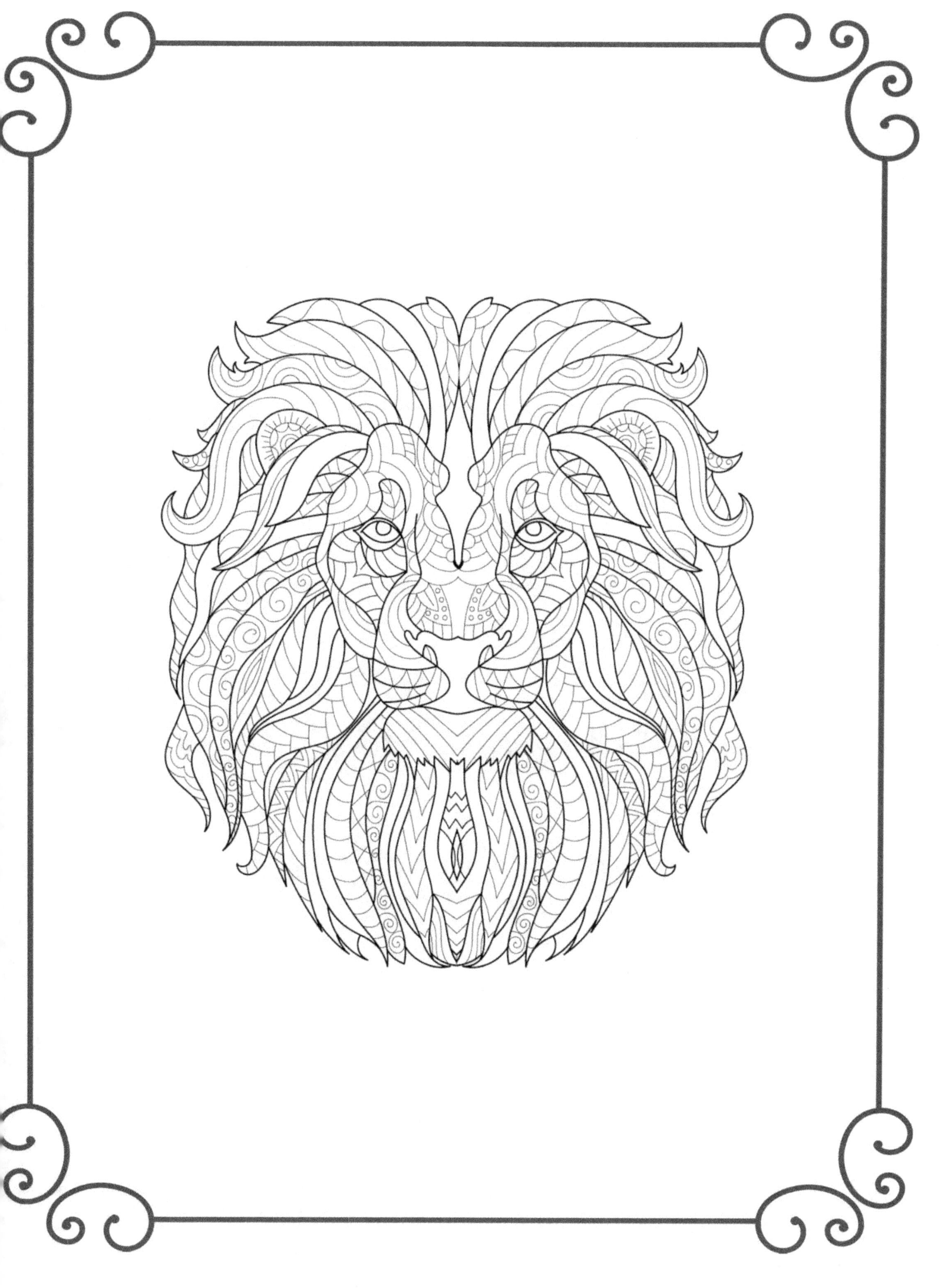

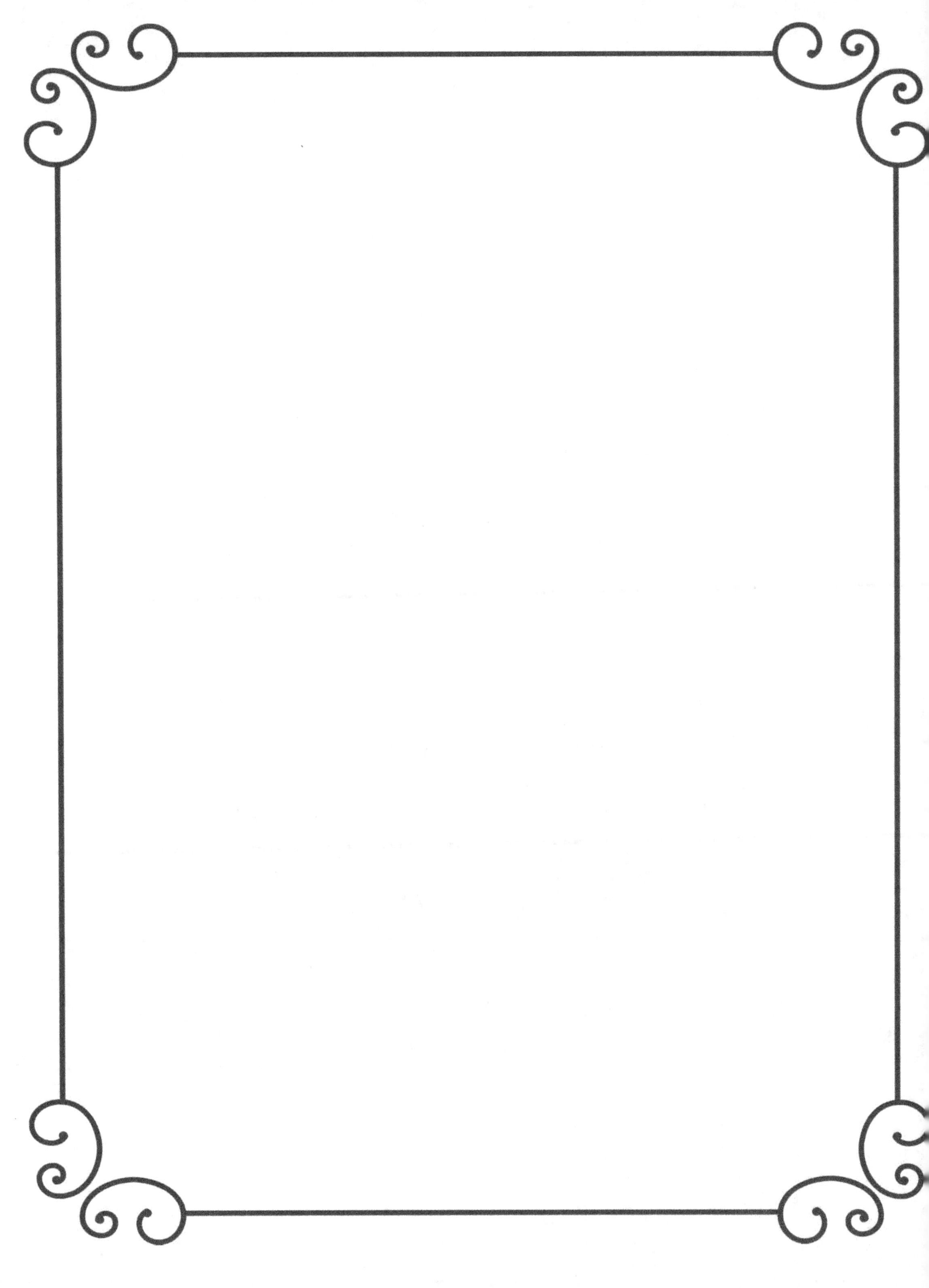

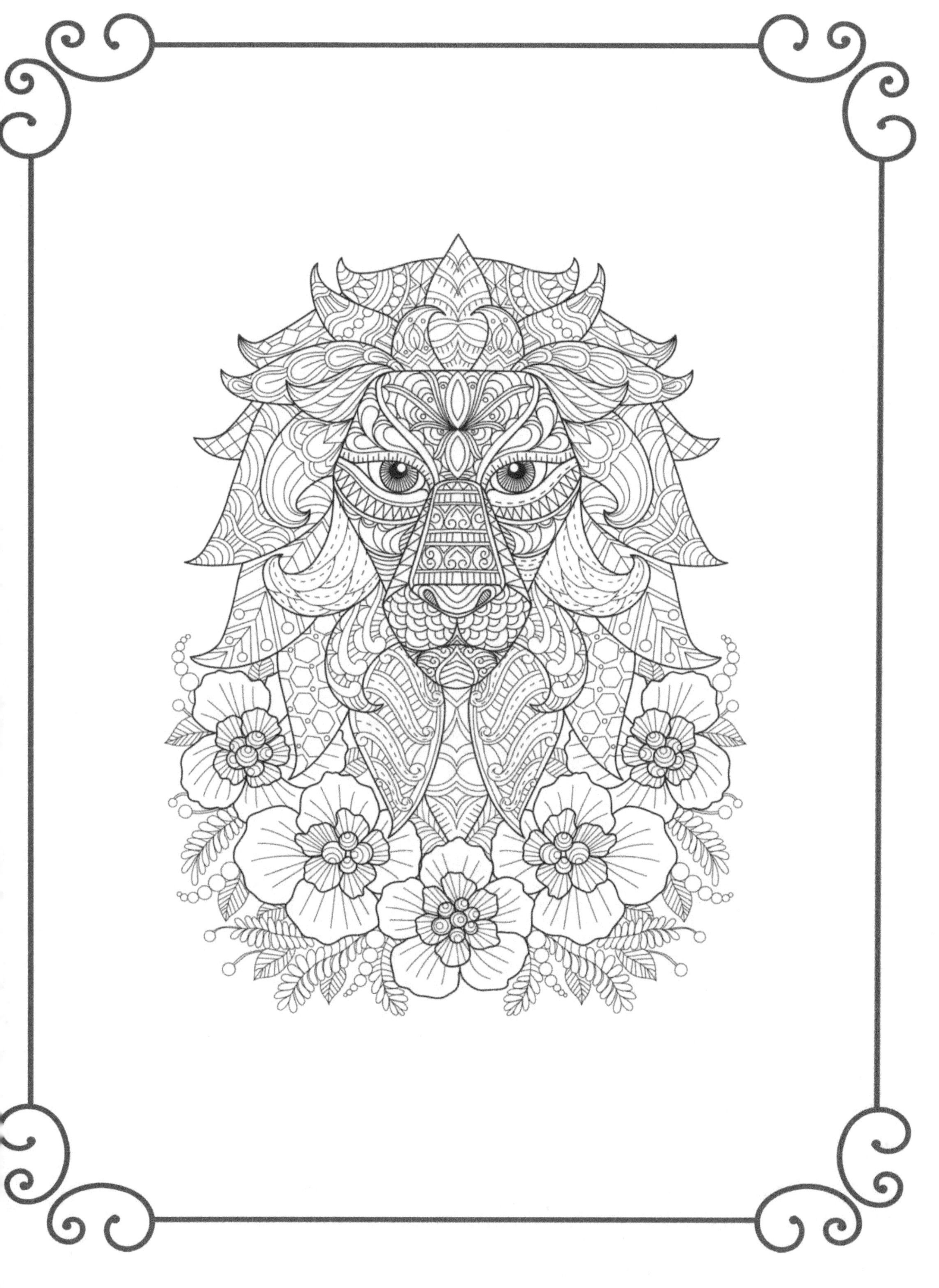

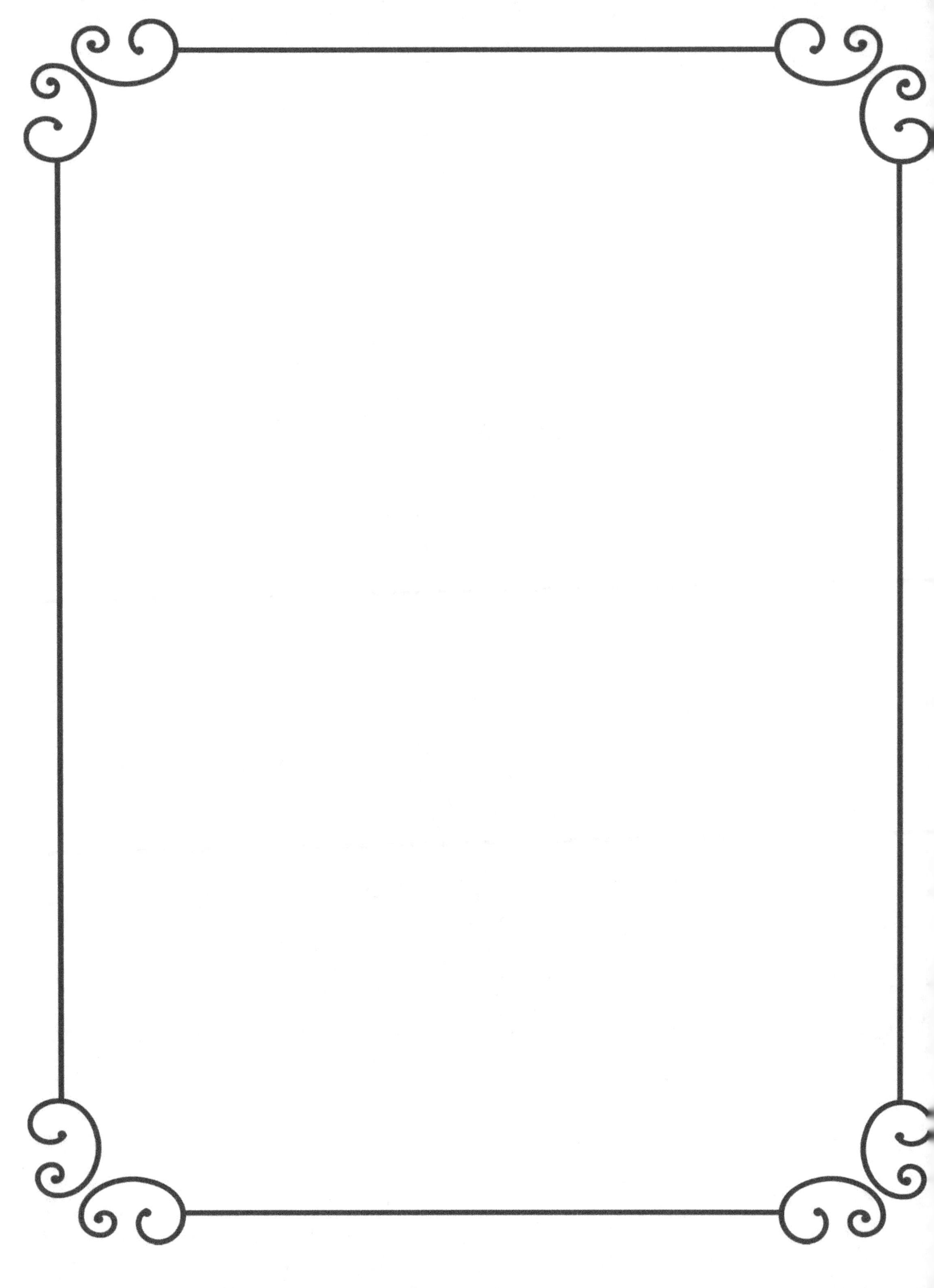

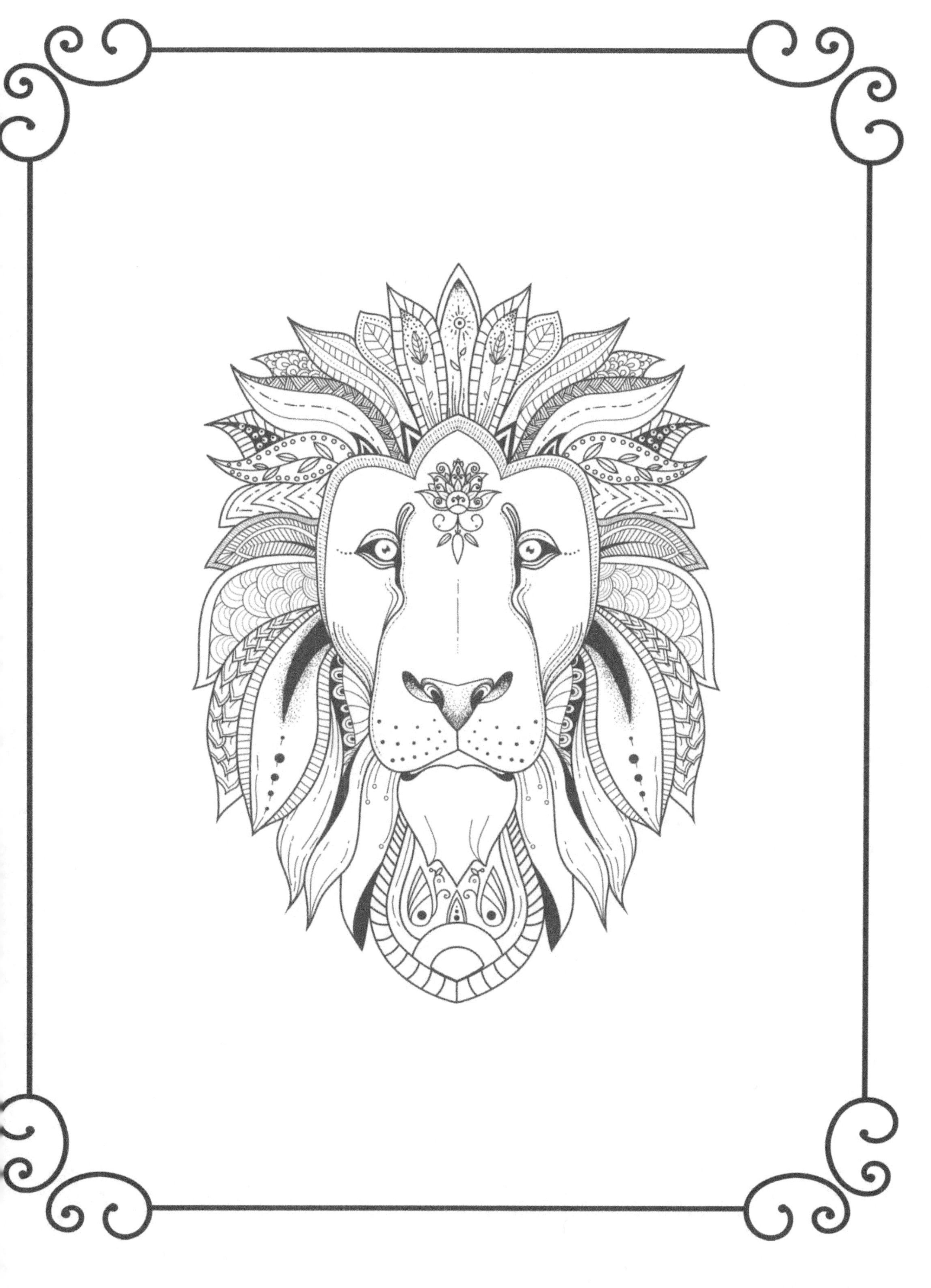

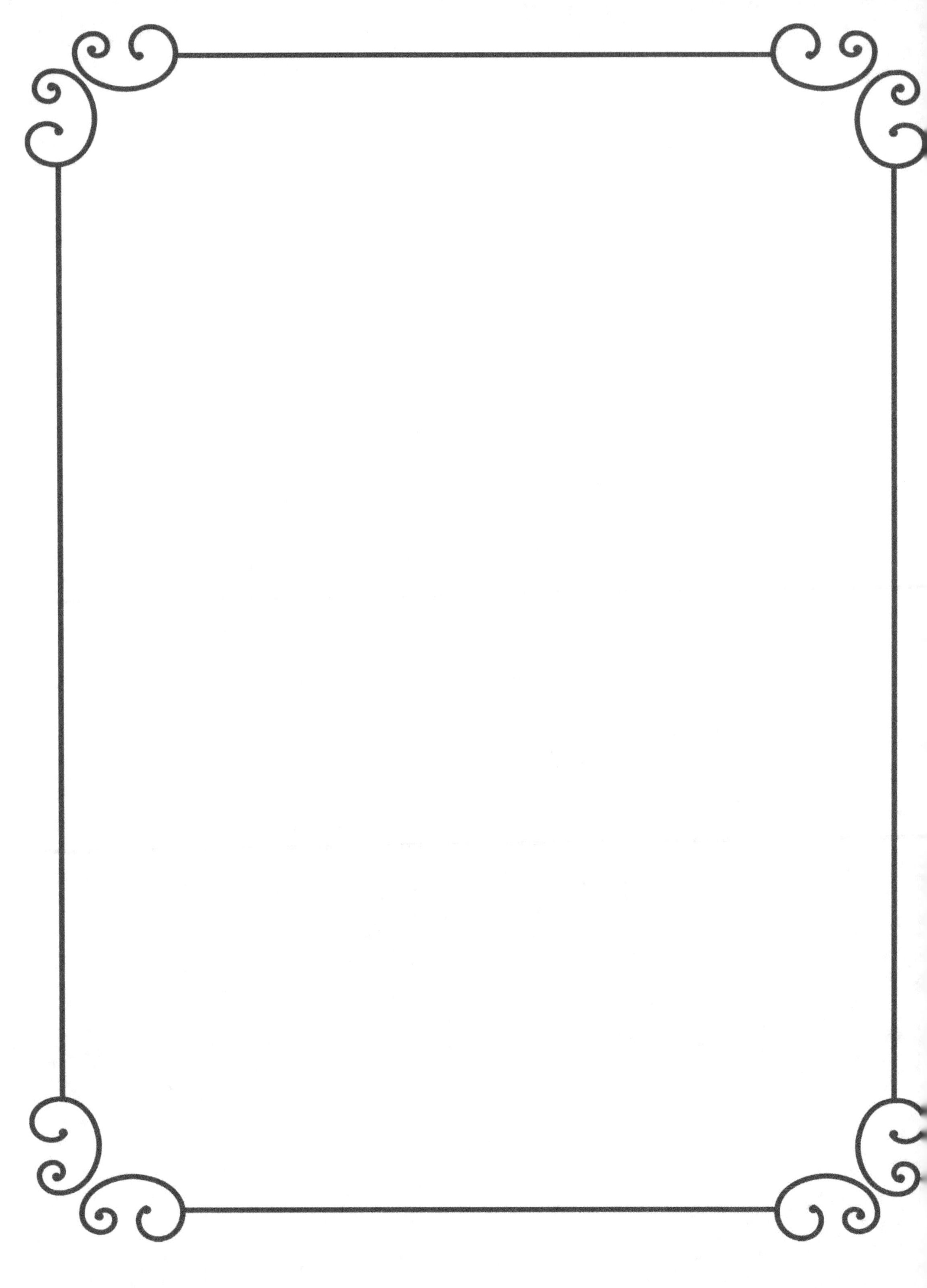

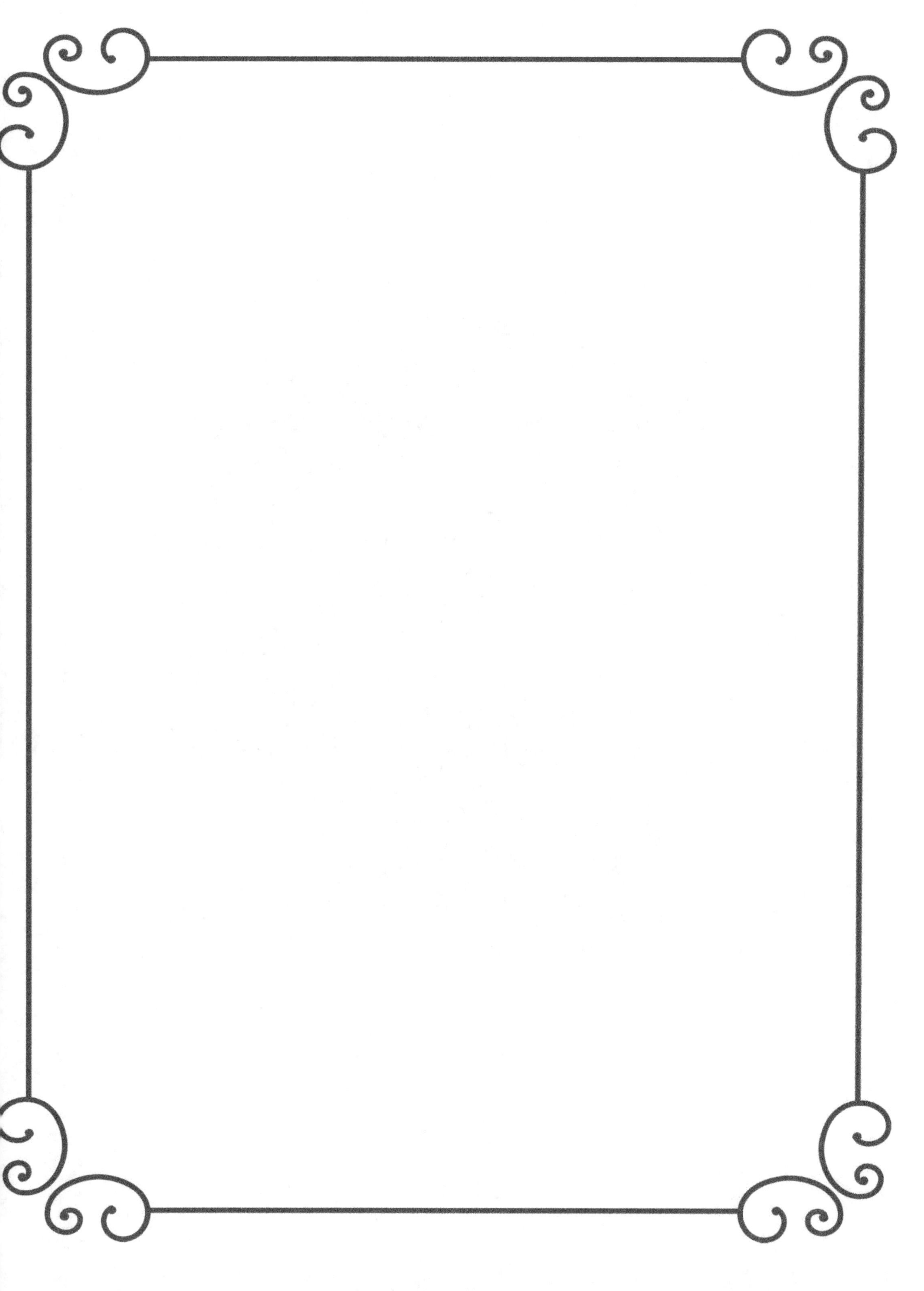

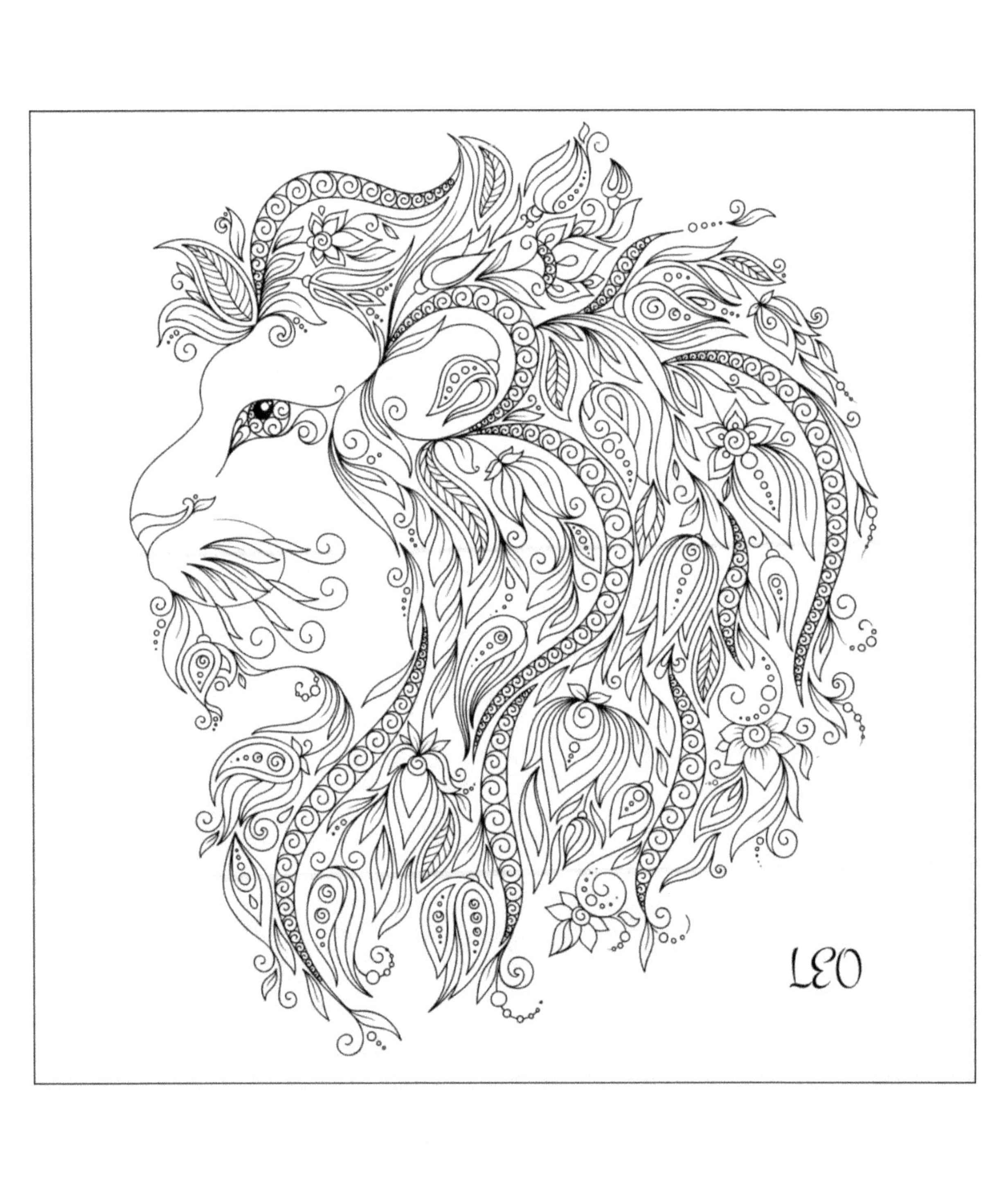

LEO

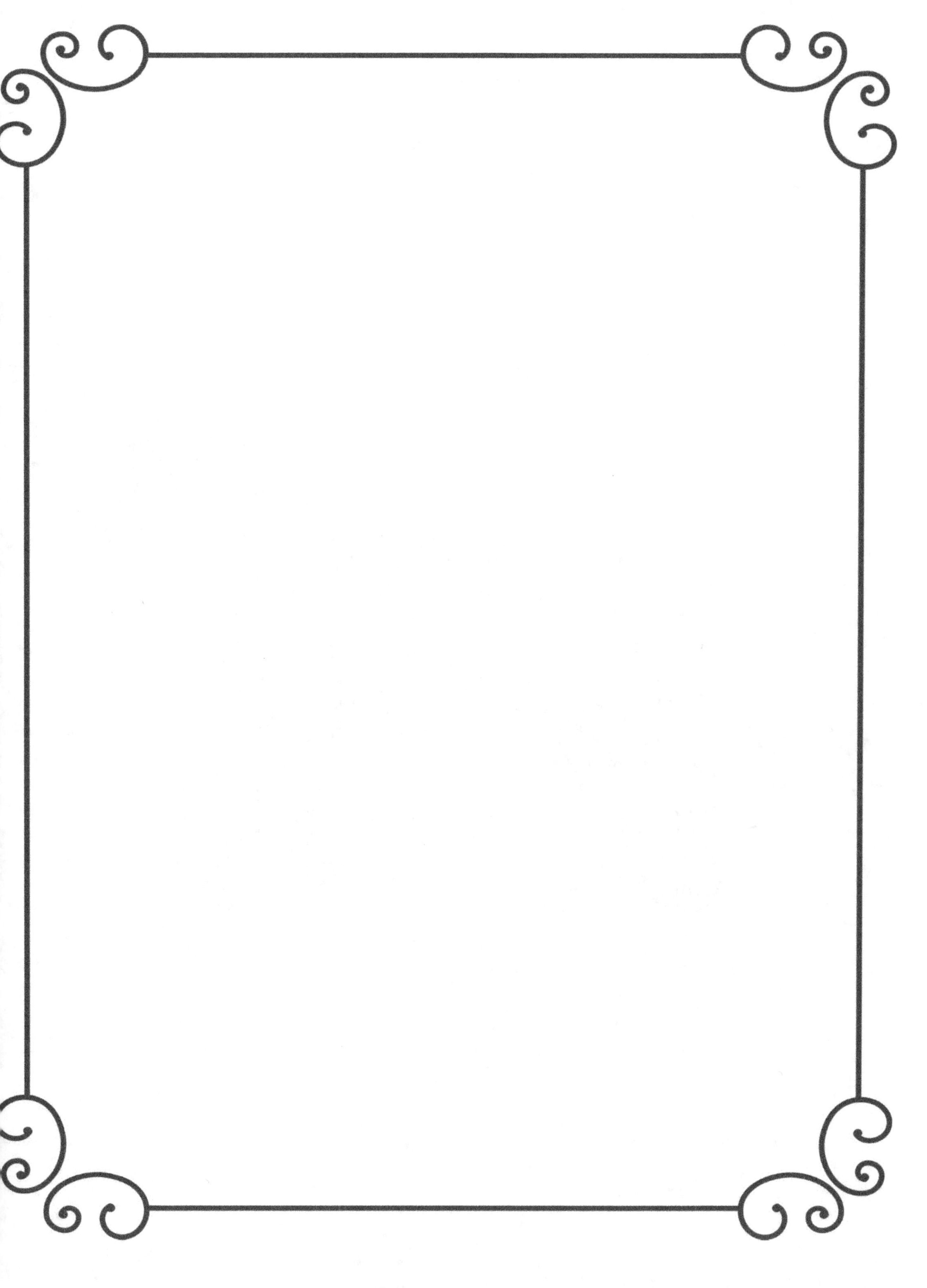

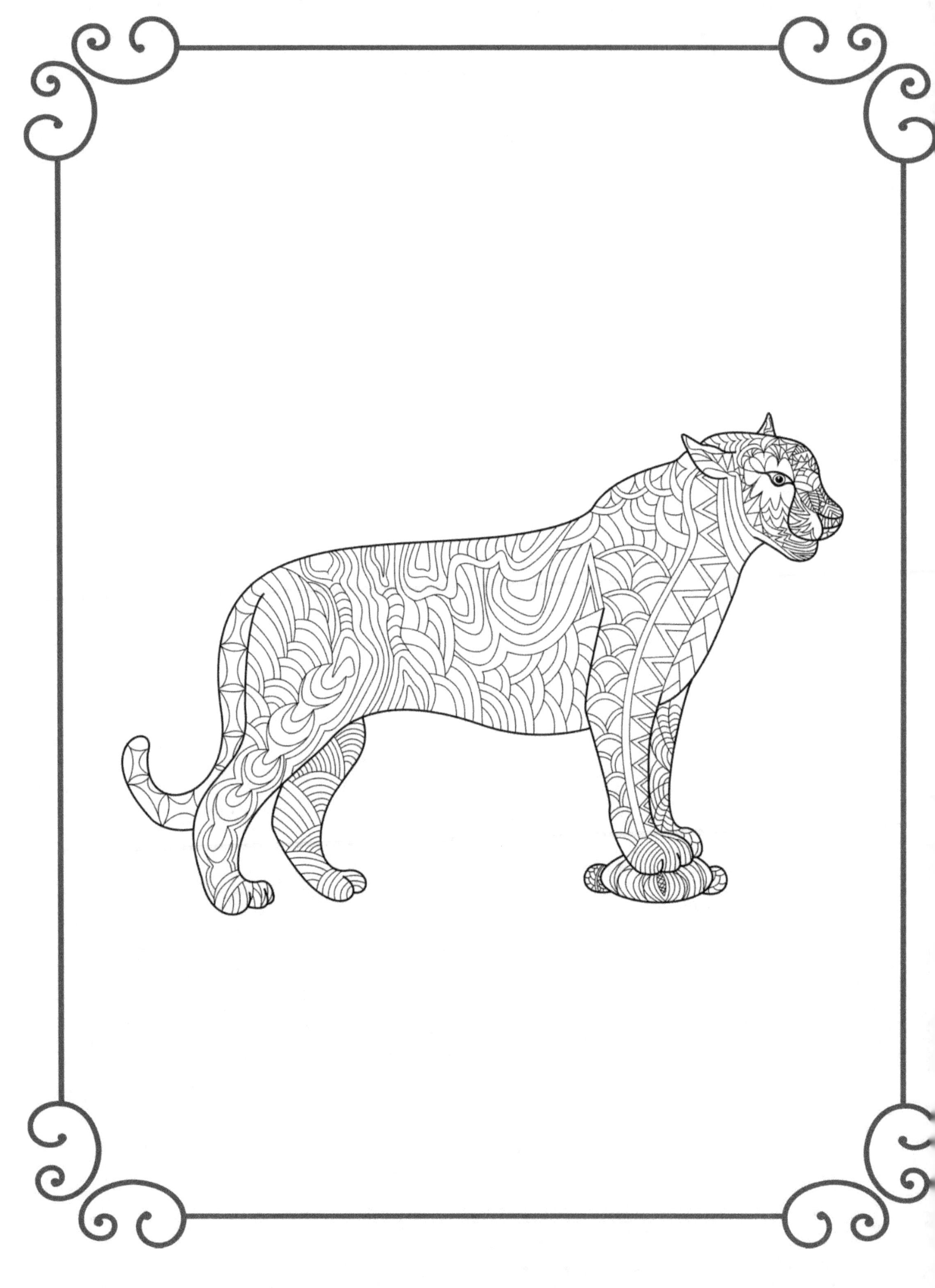

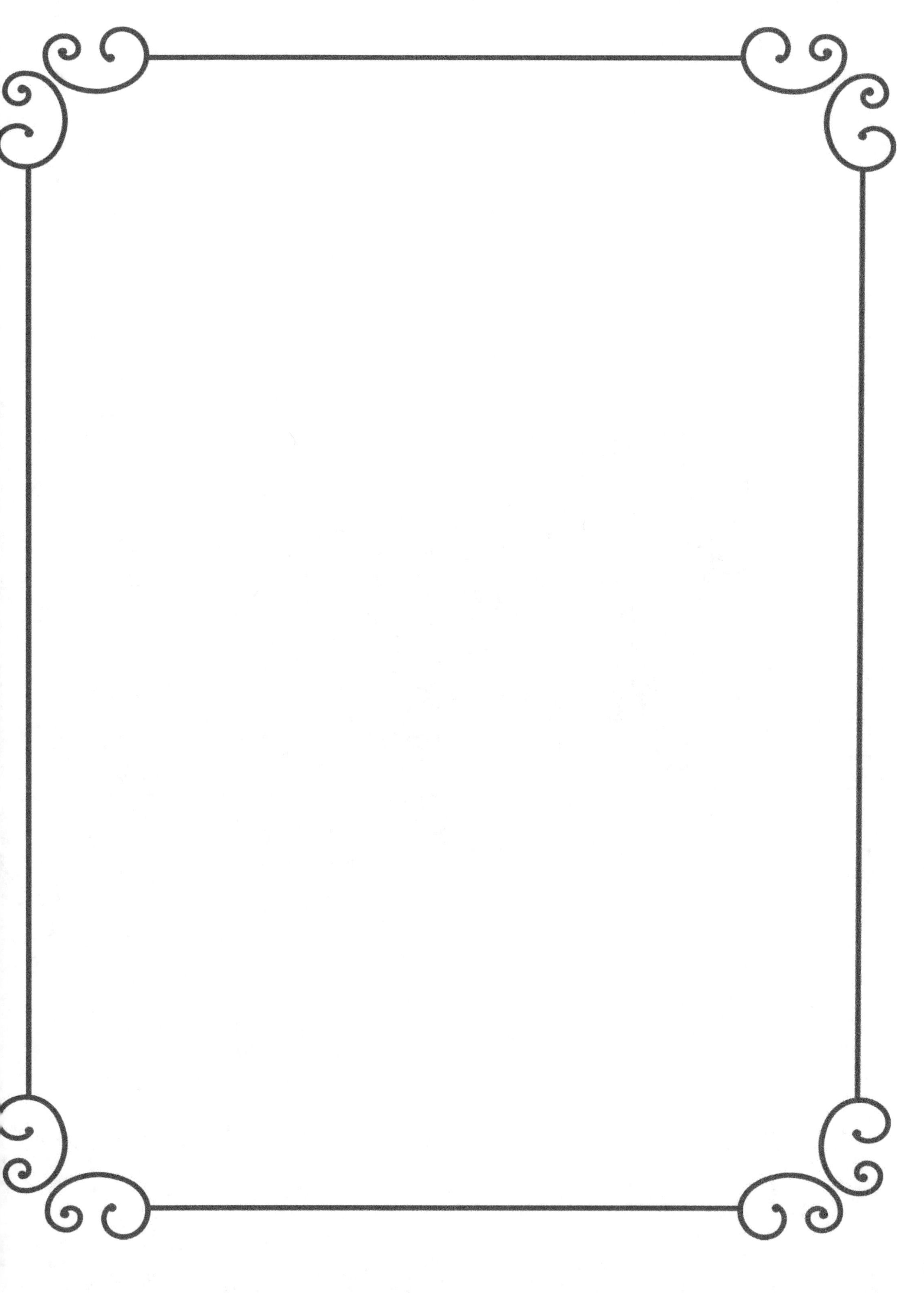

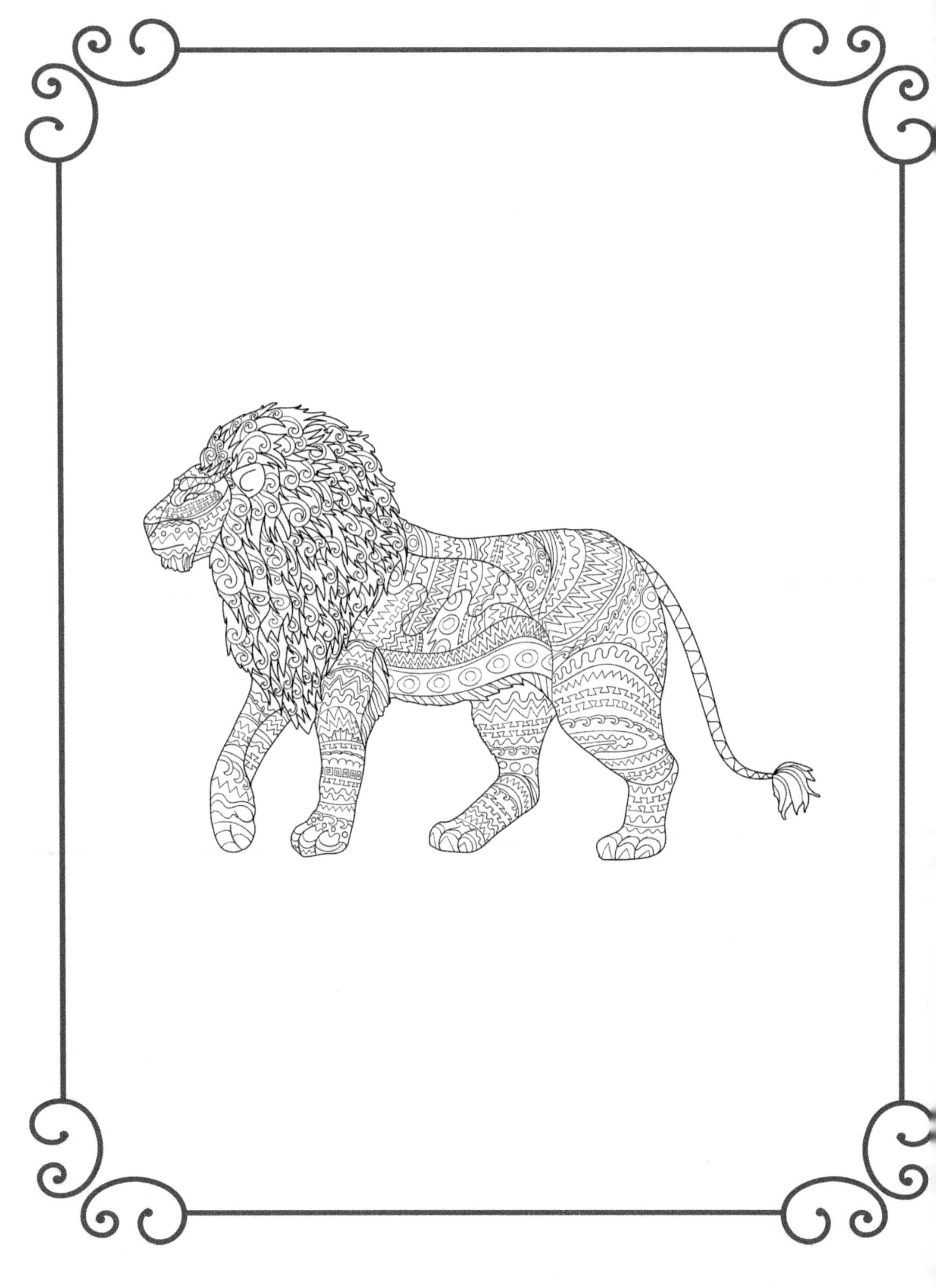

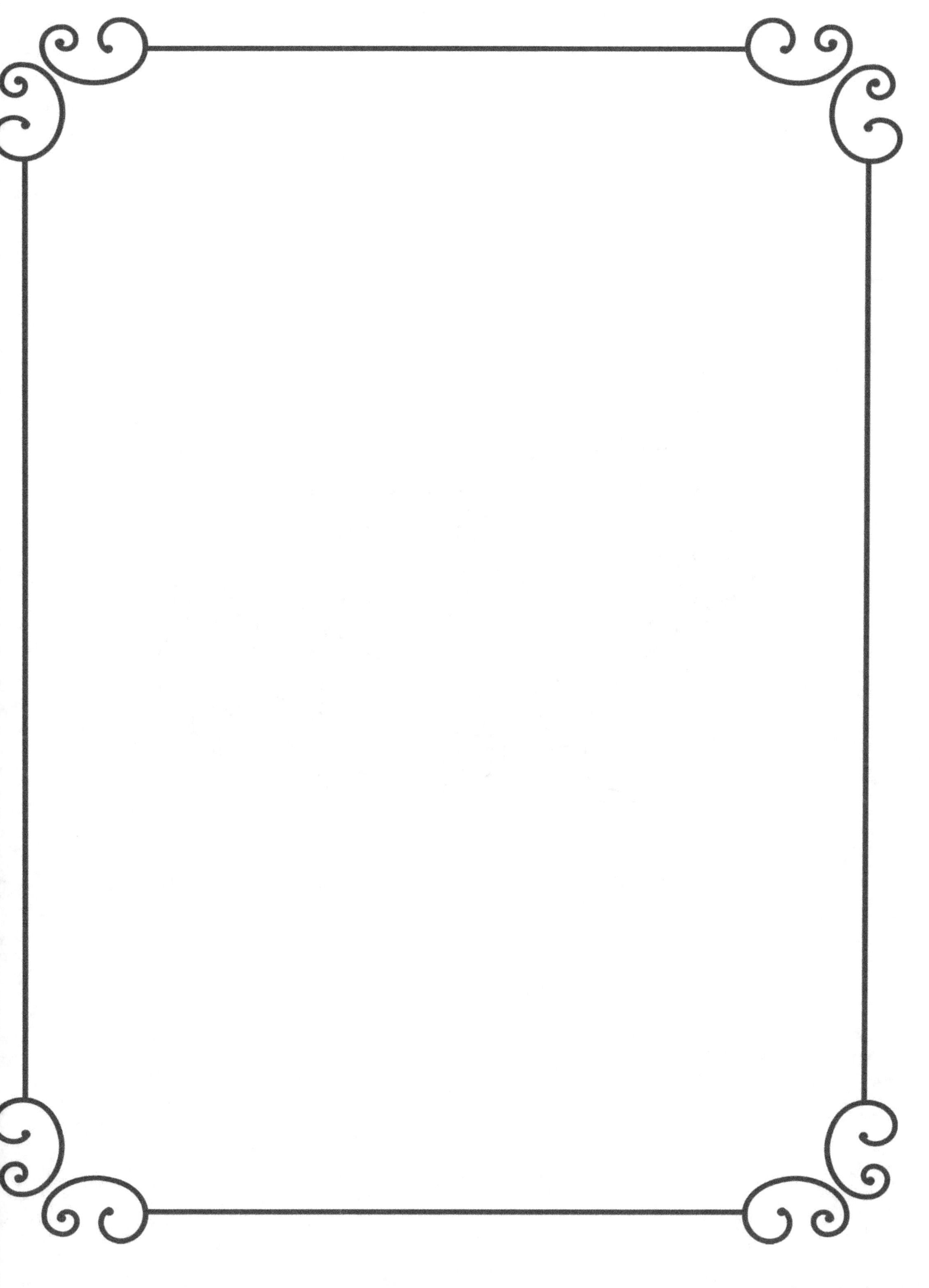

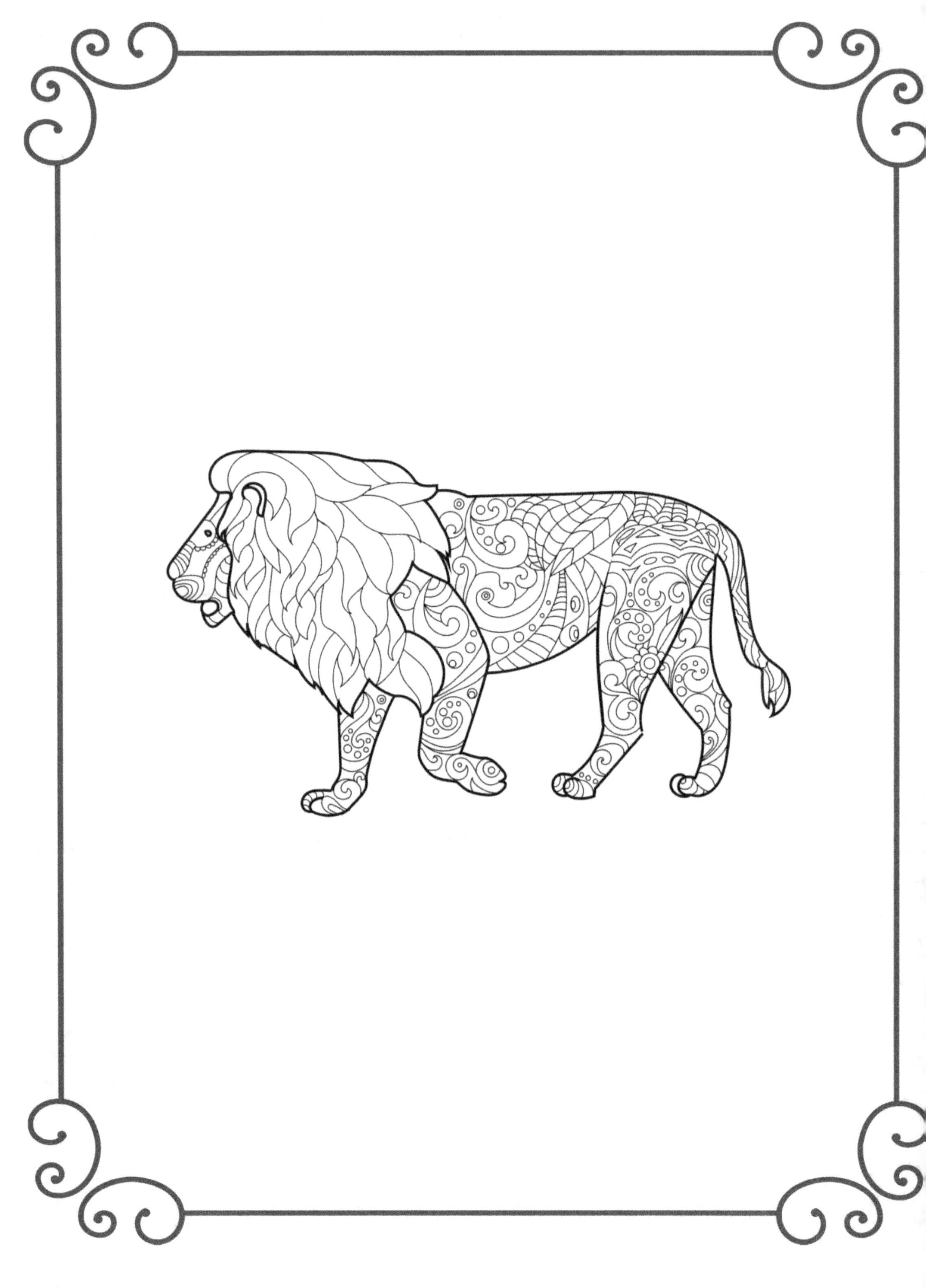

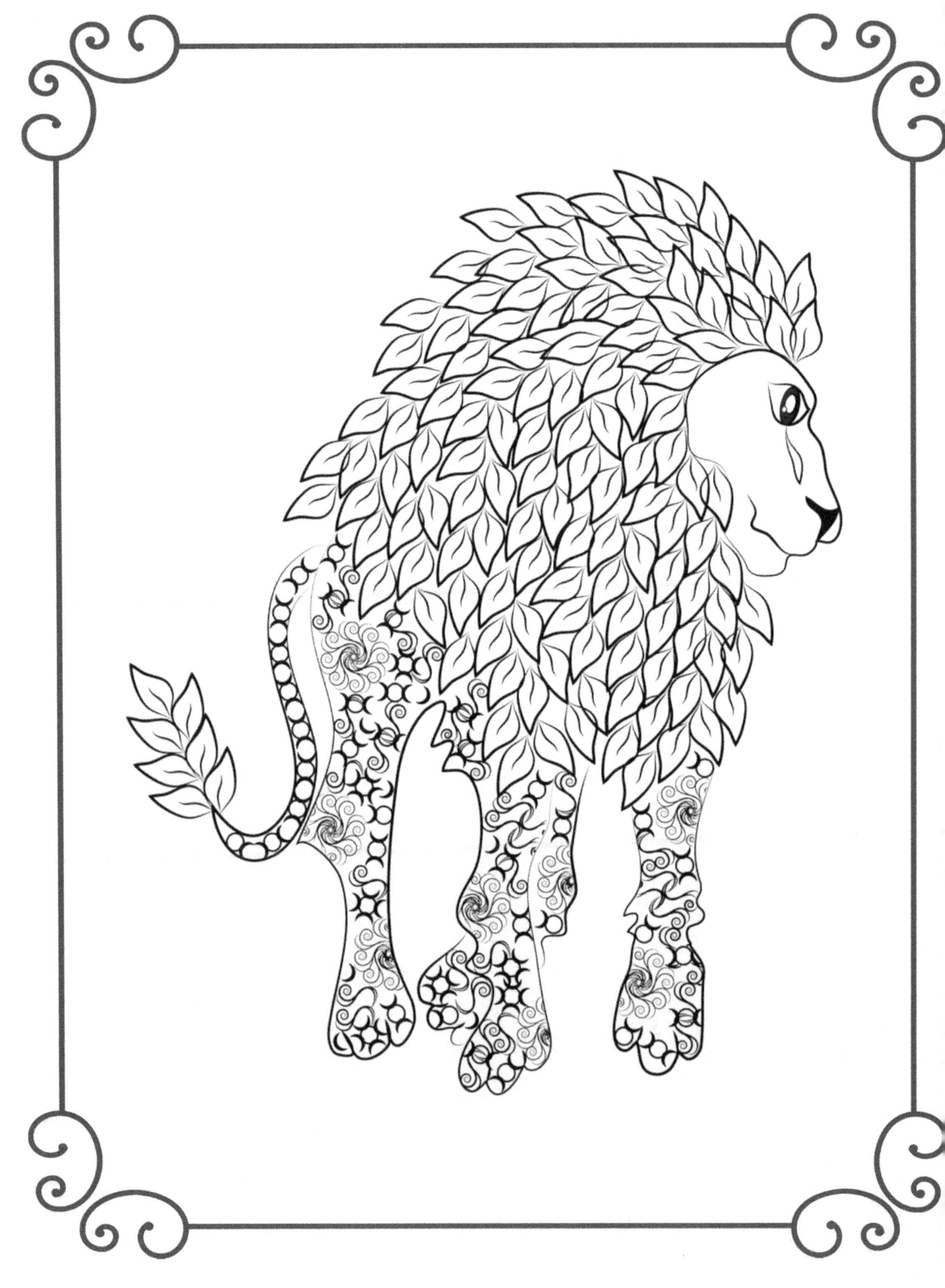

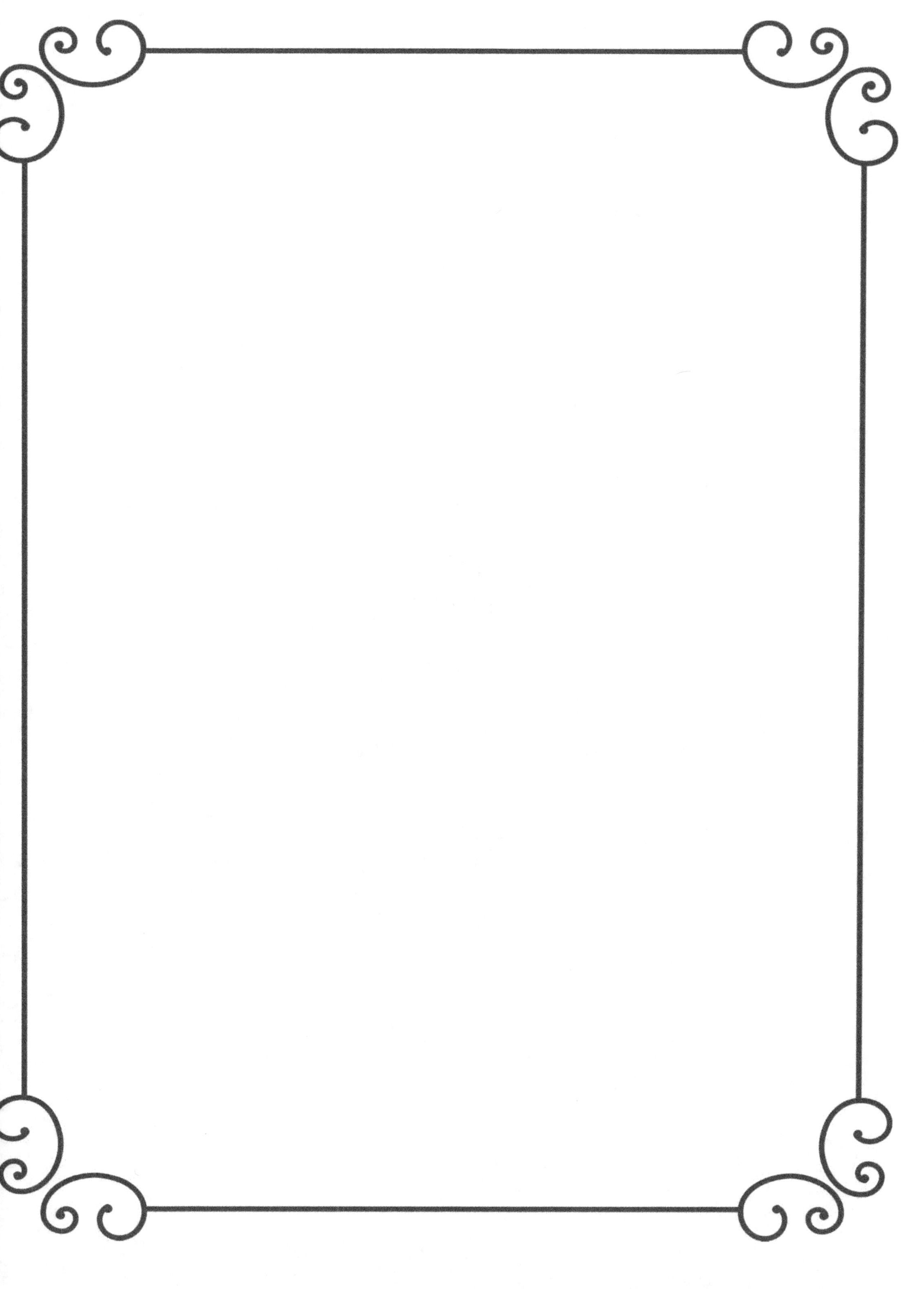

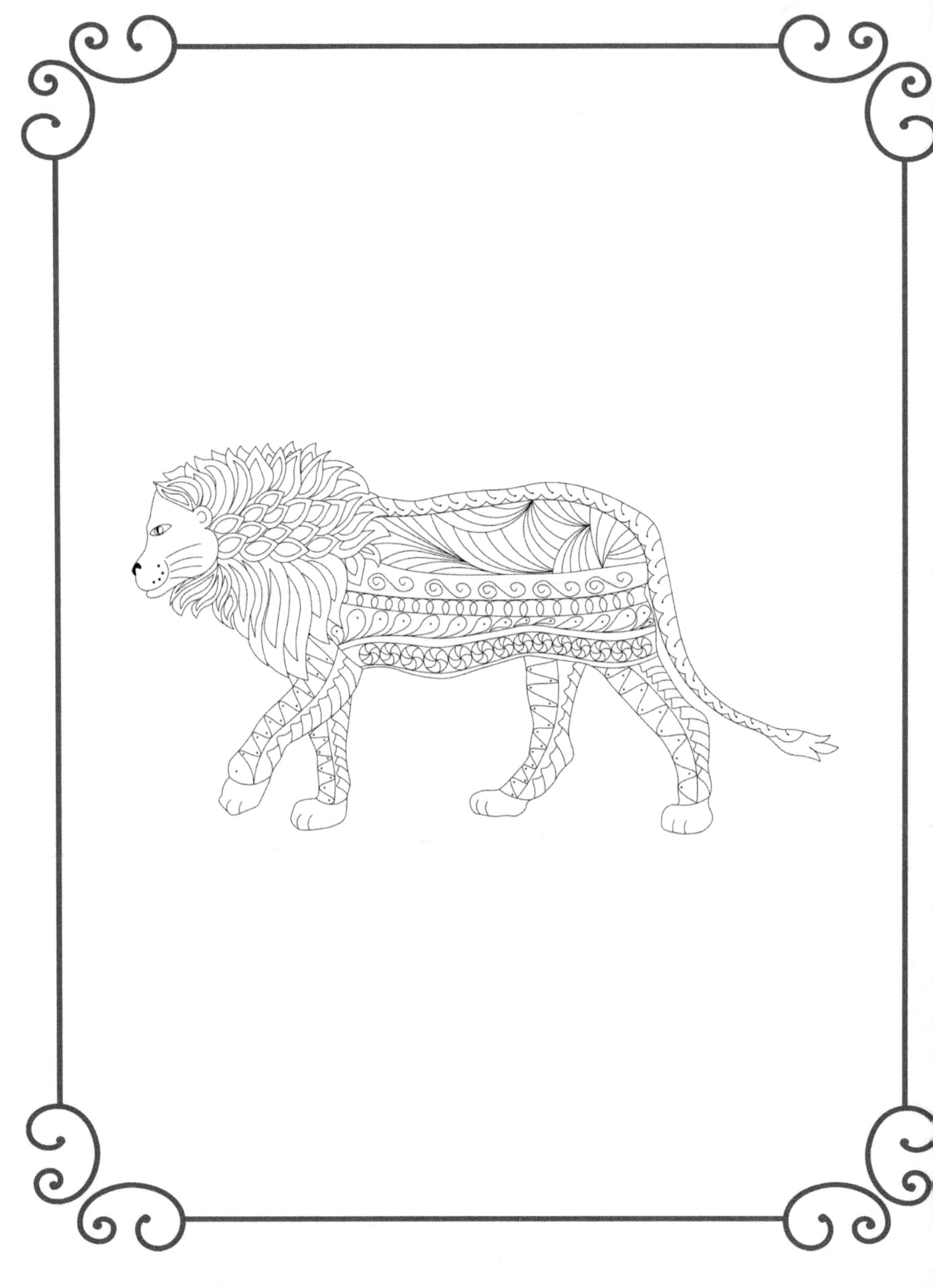

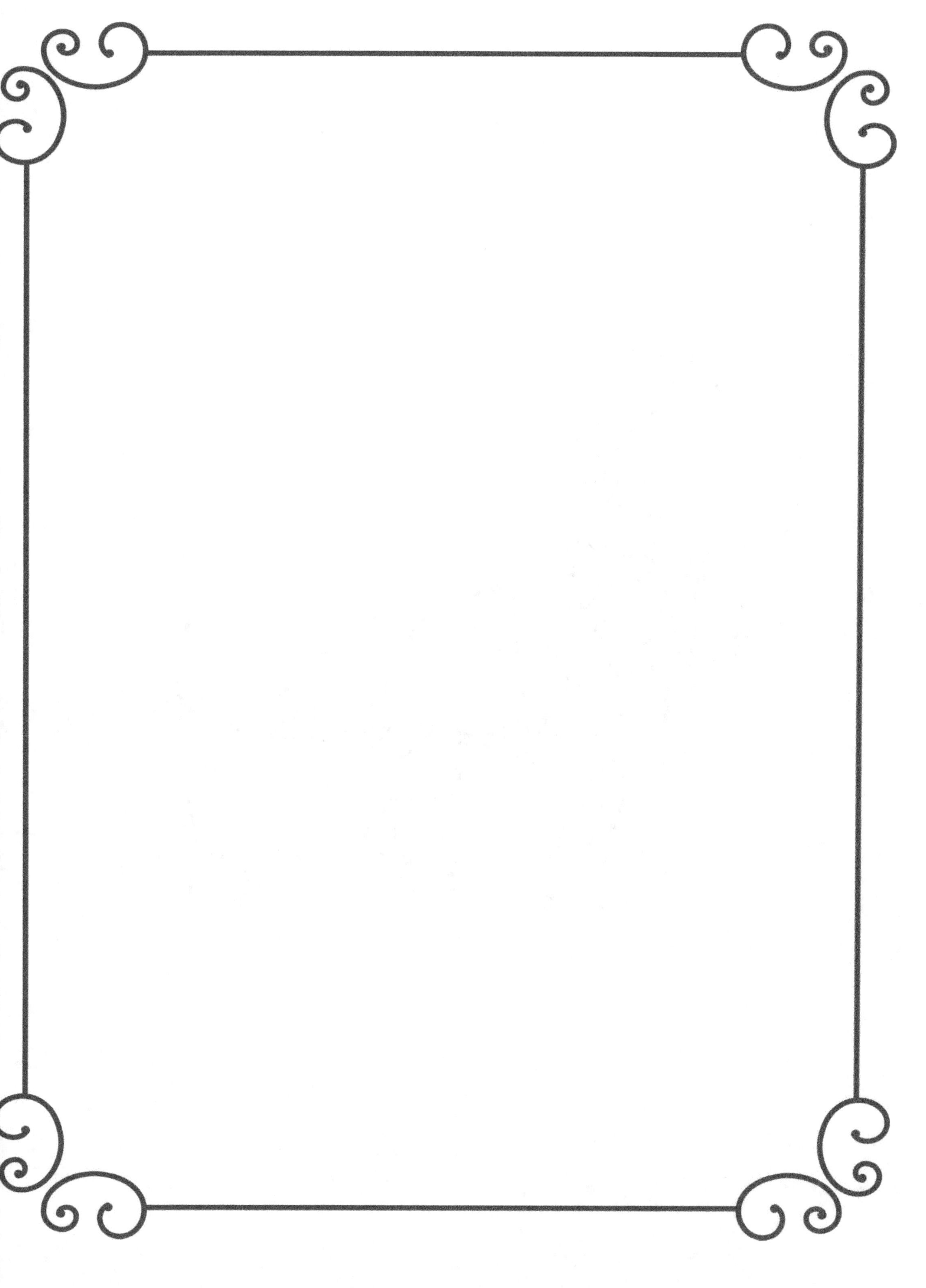

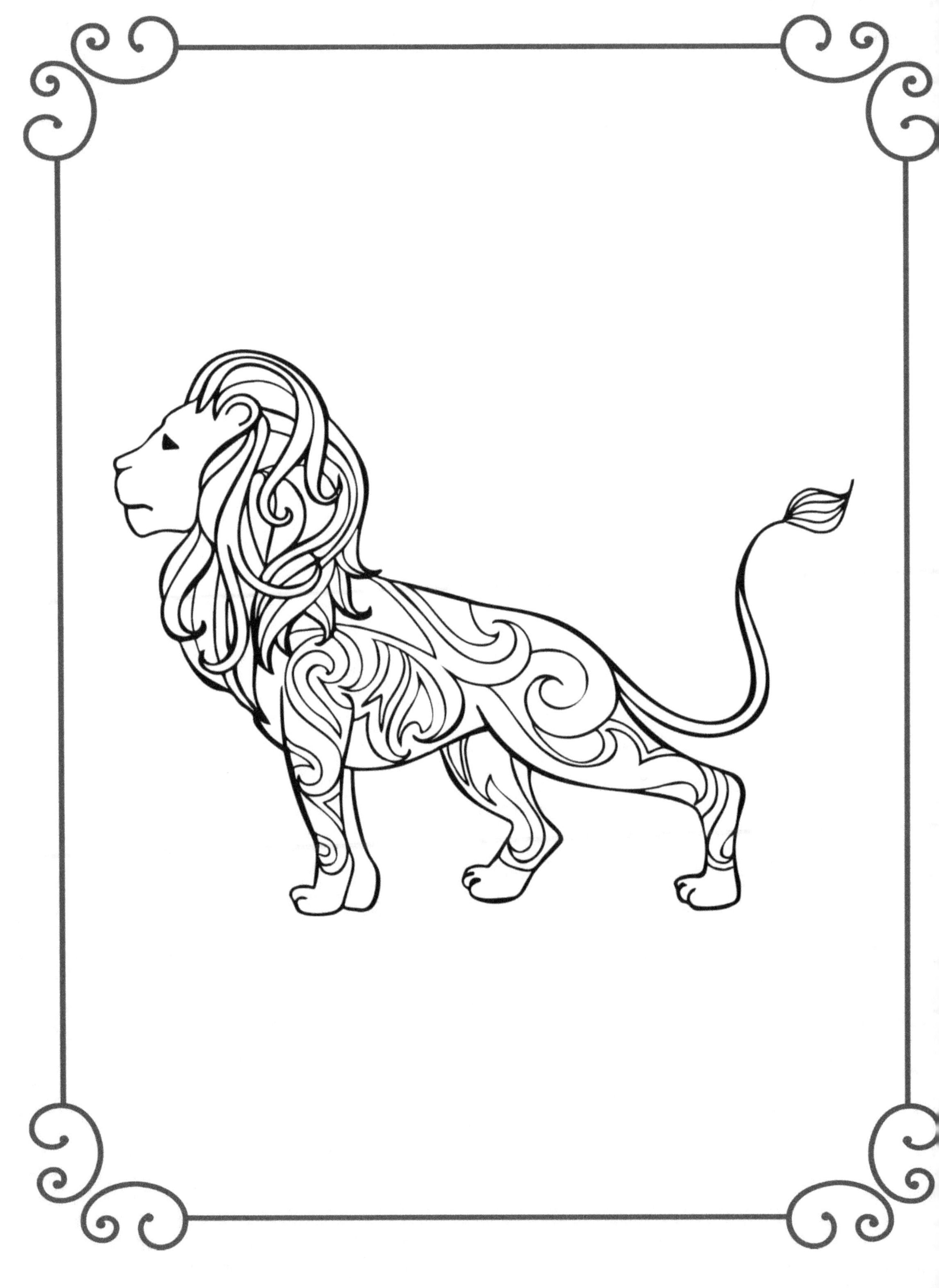

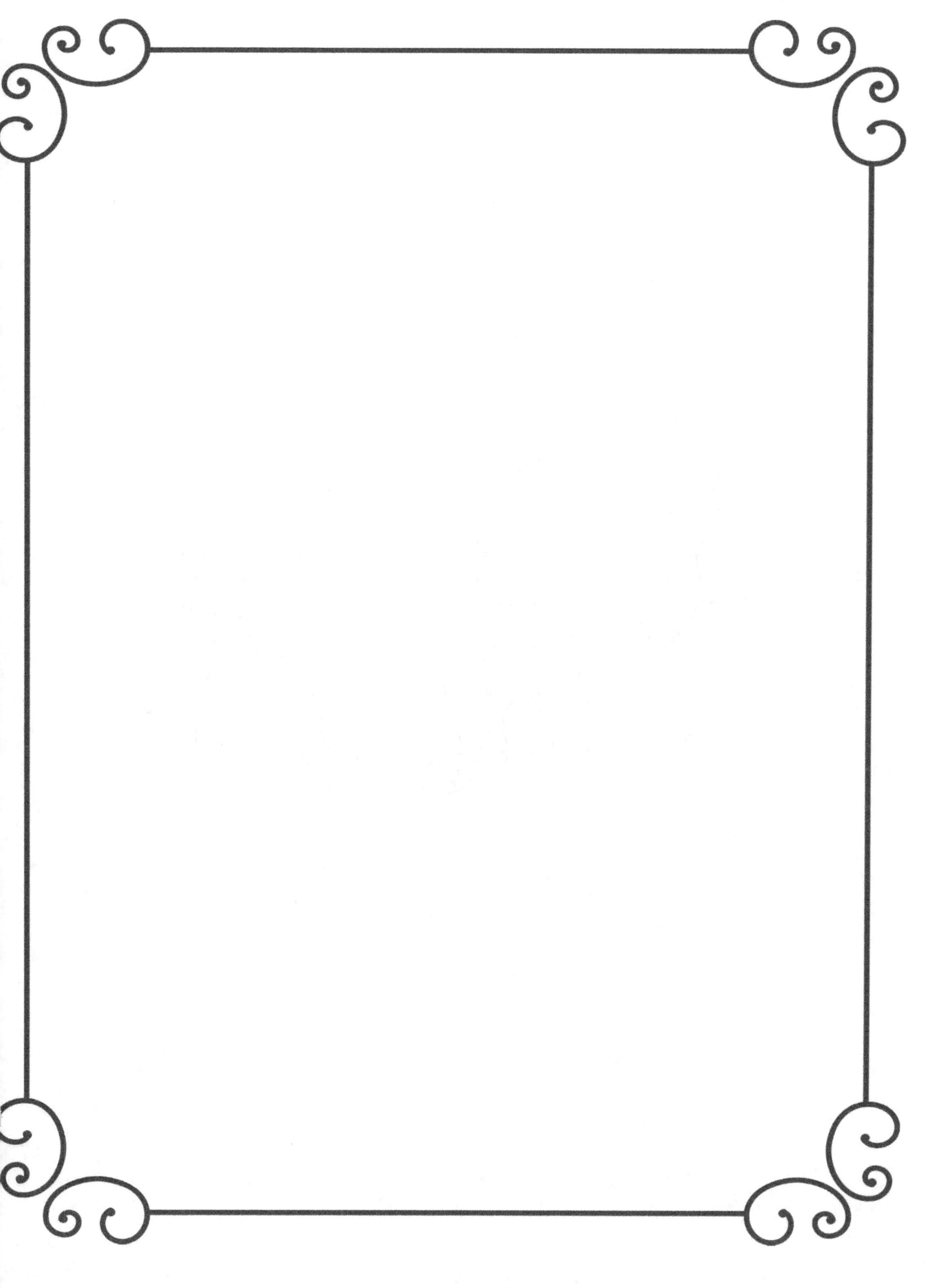

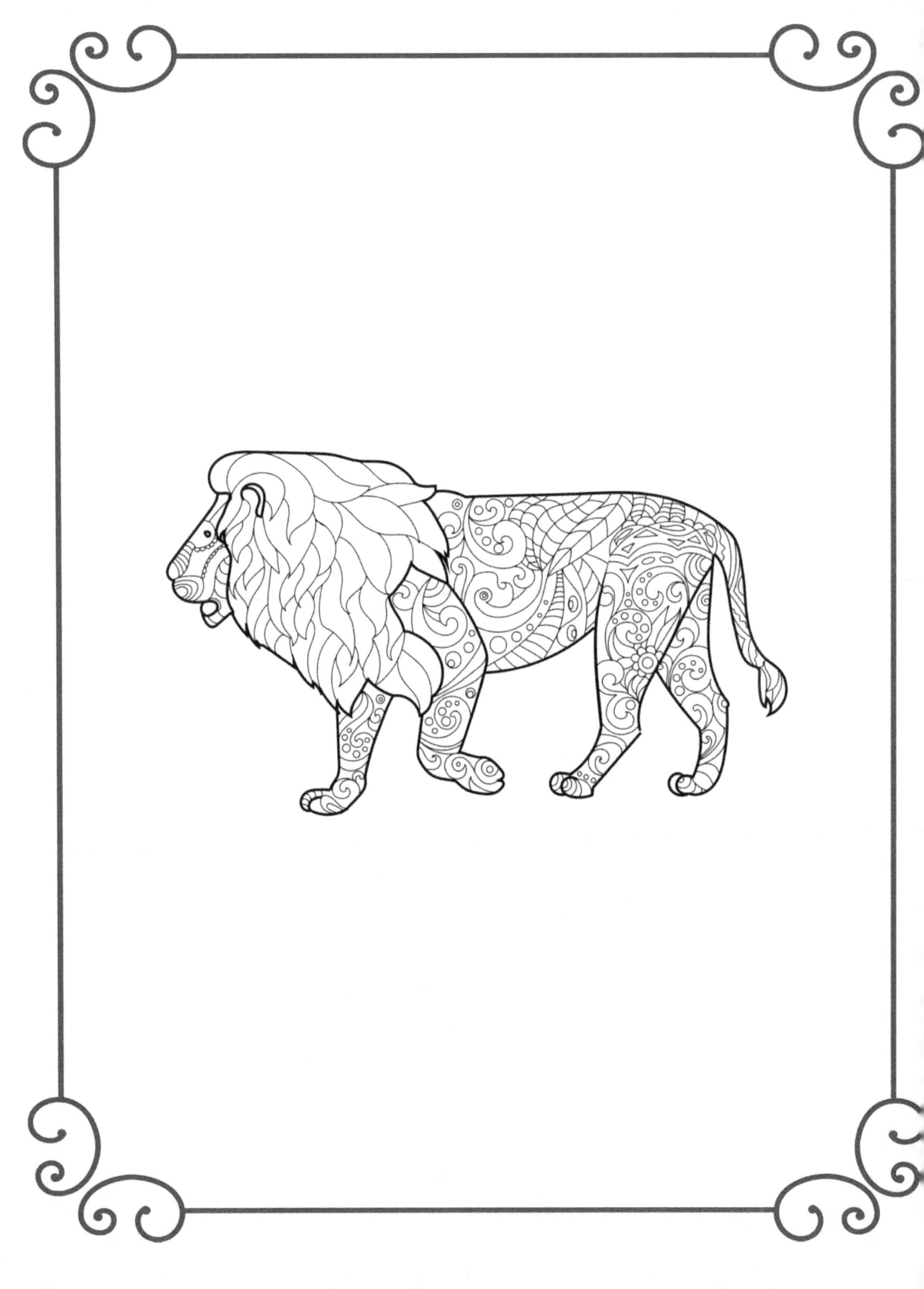

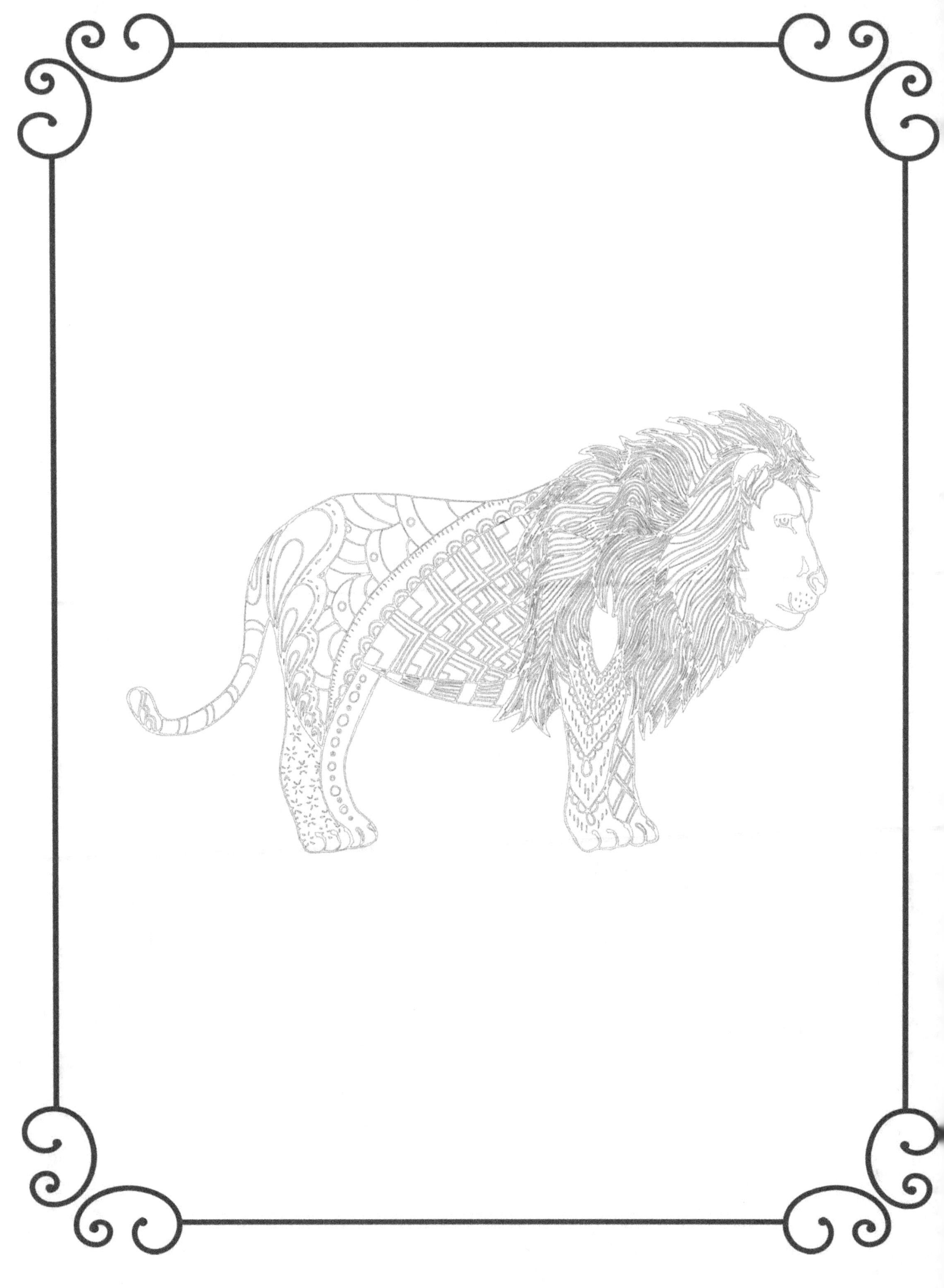

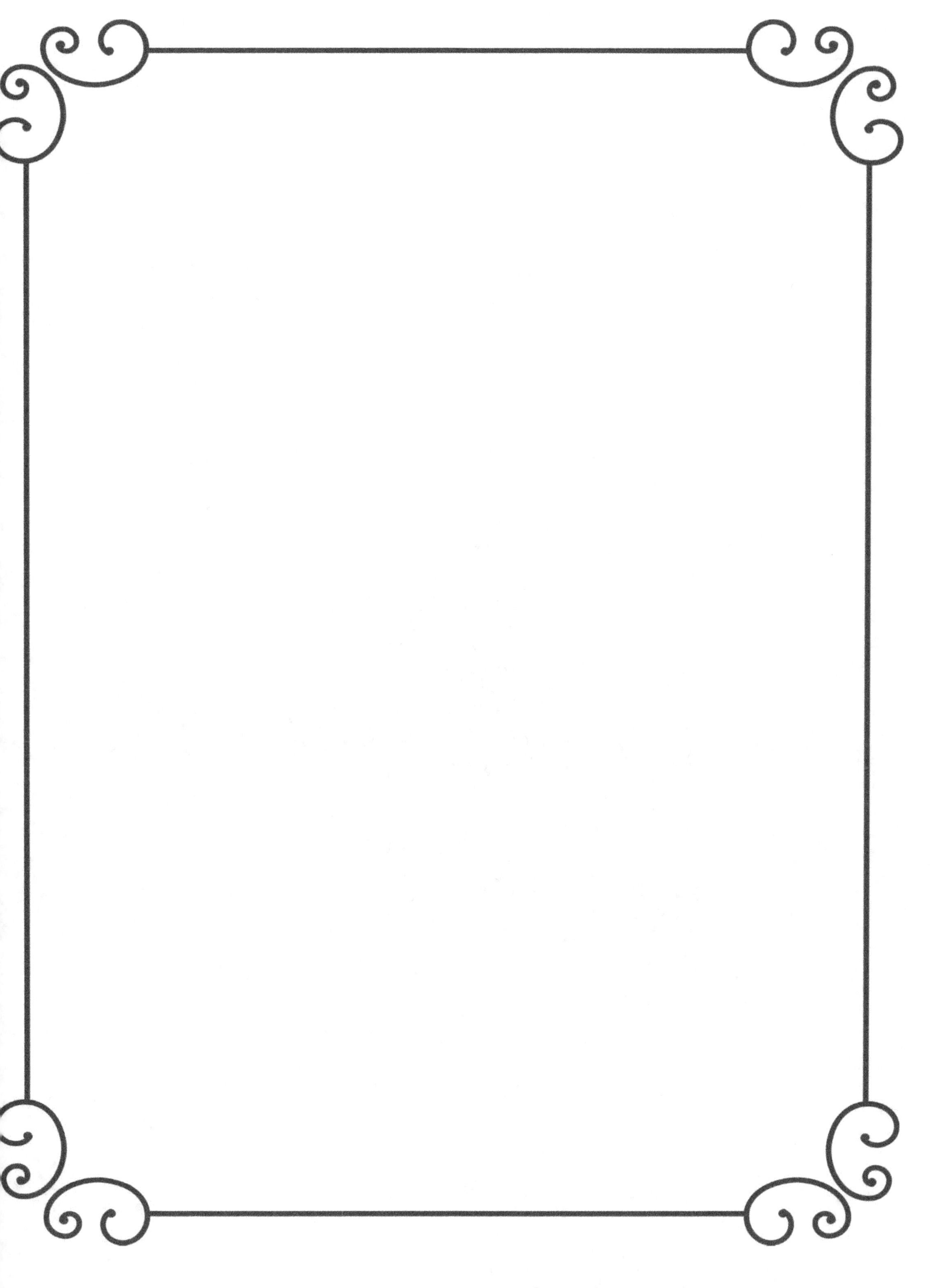

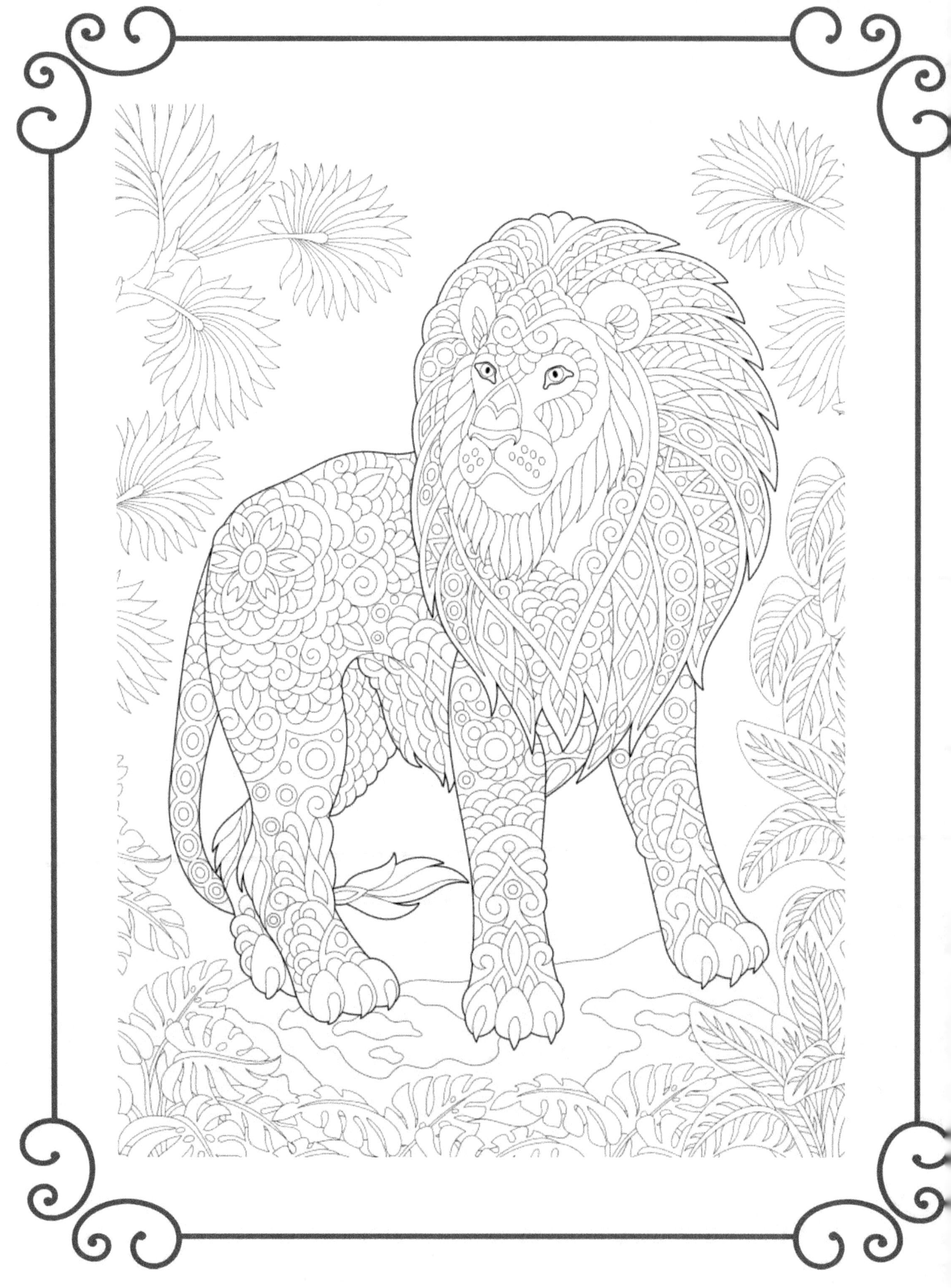

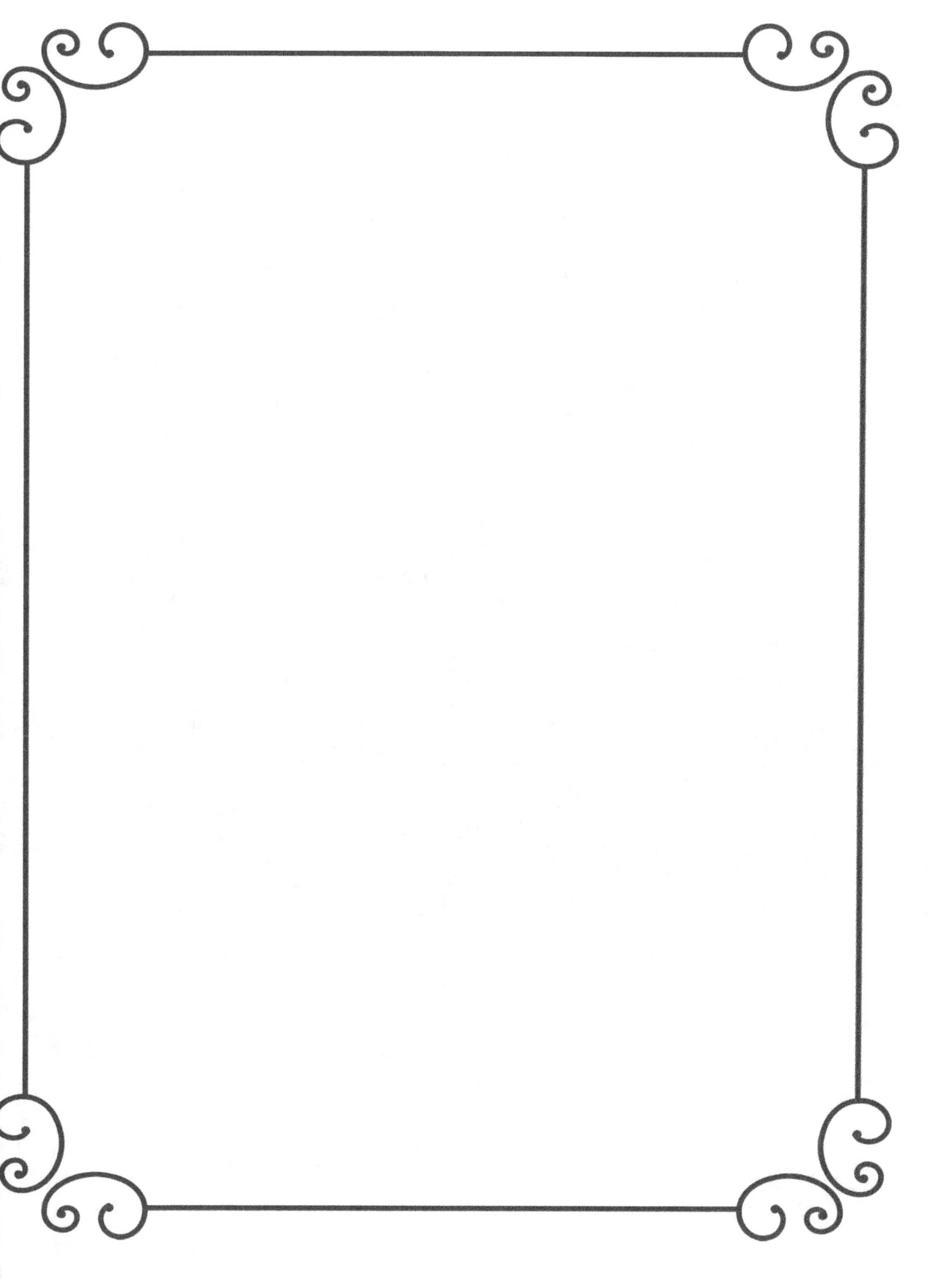

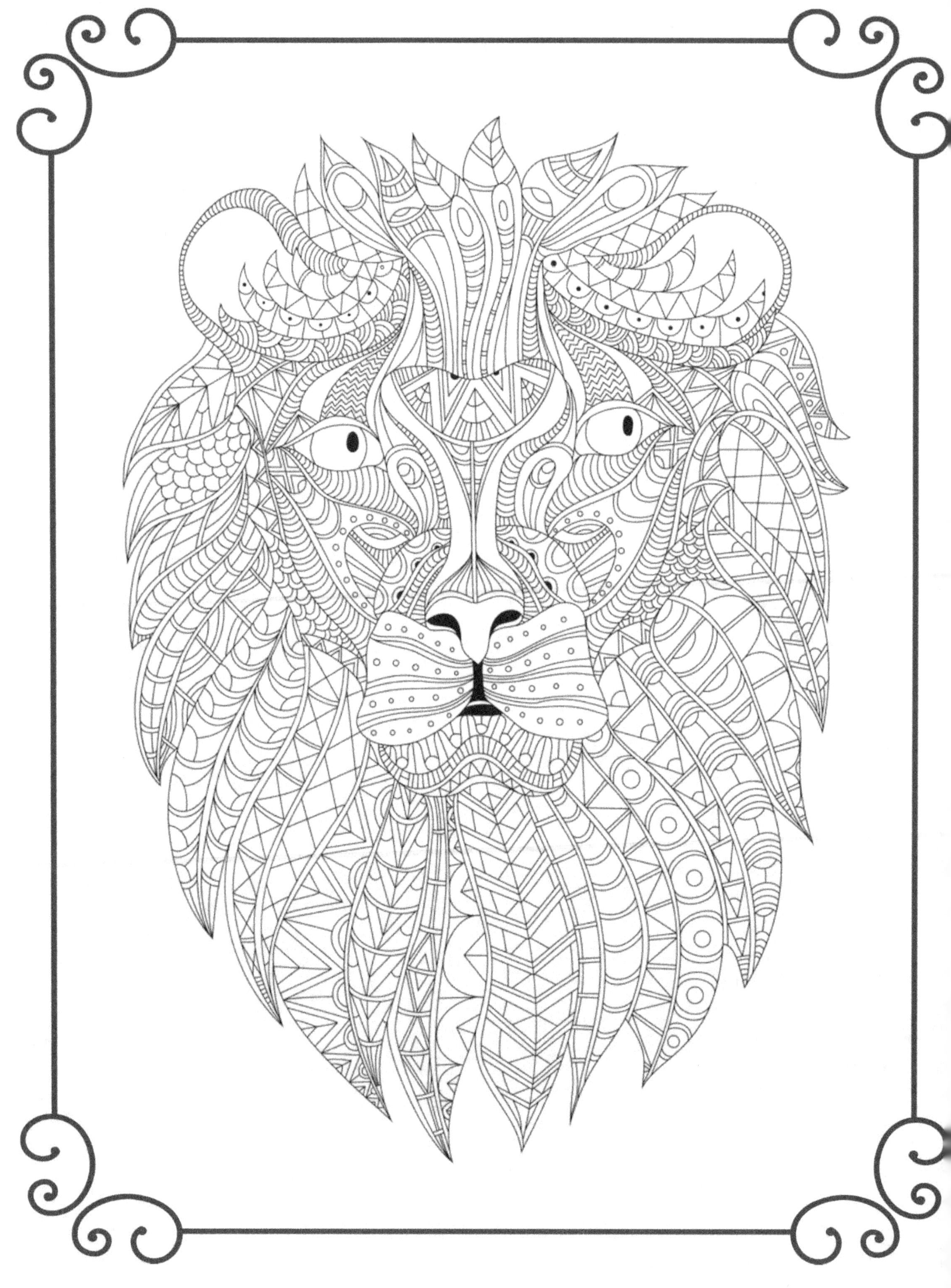

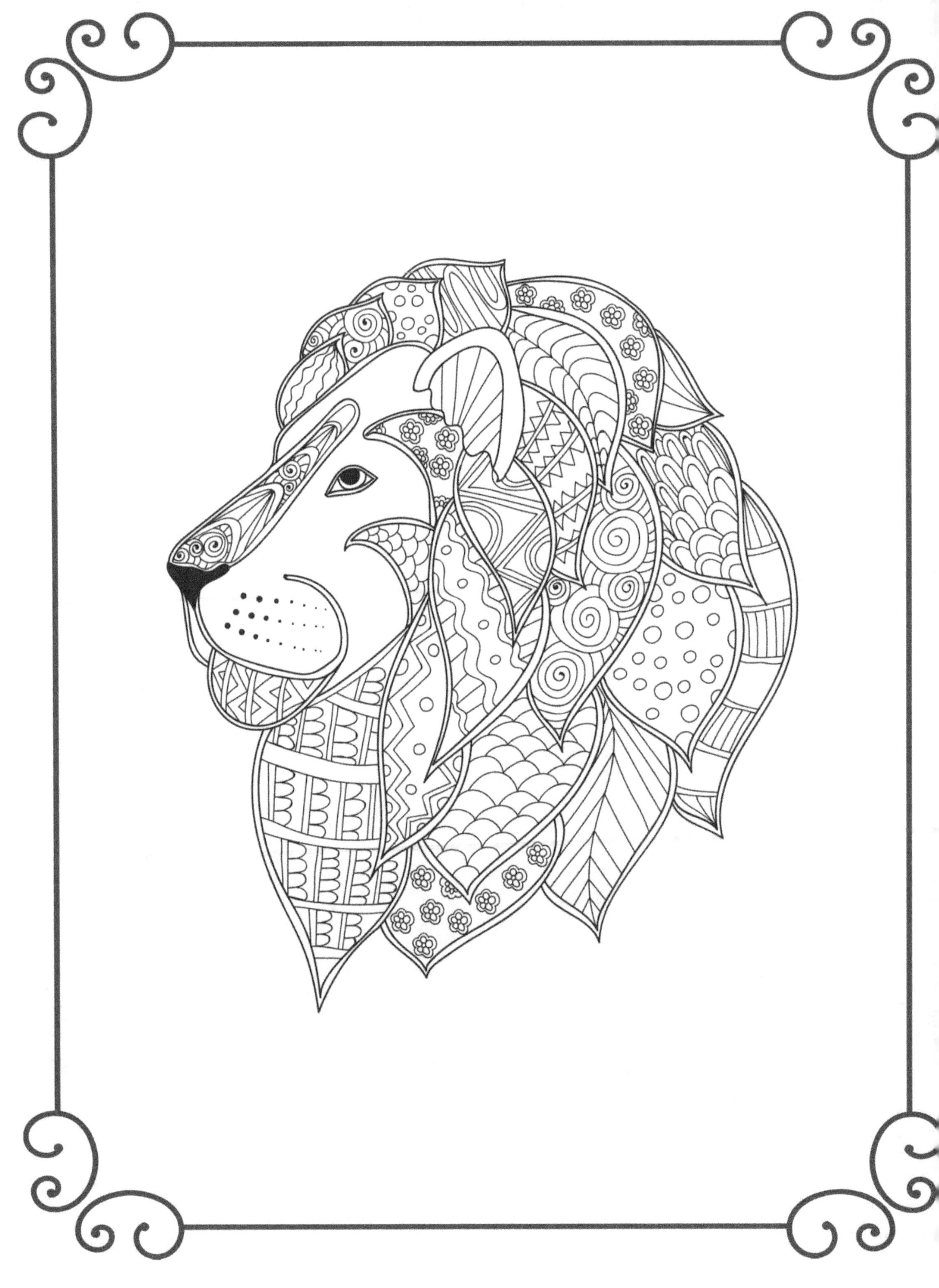

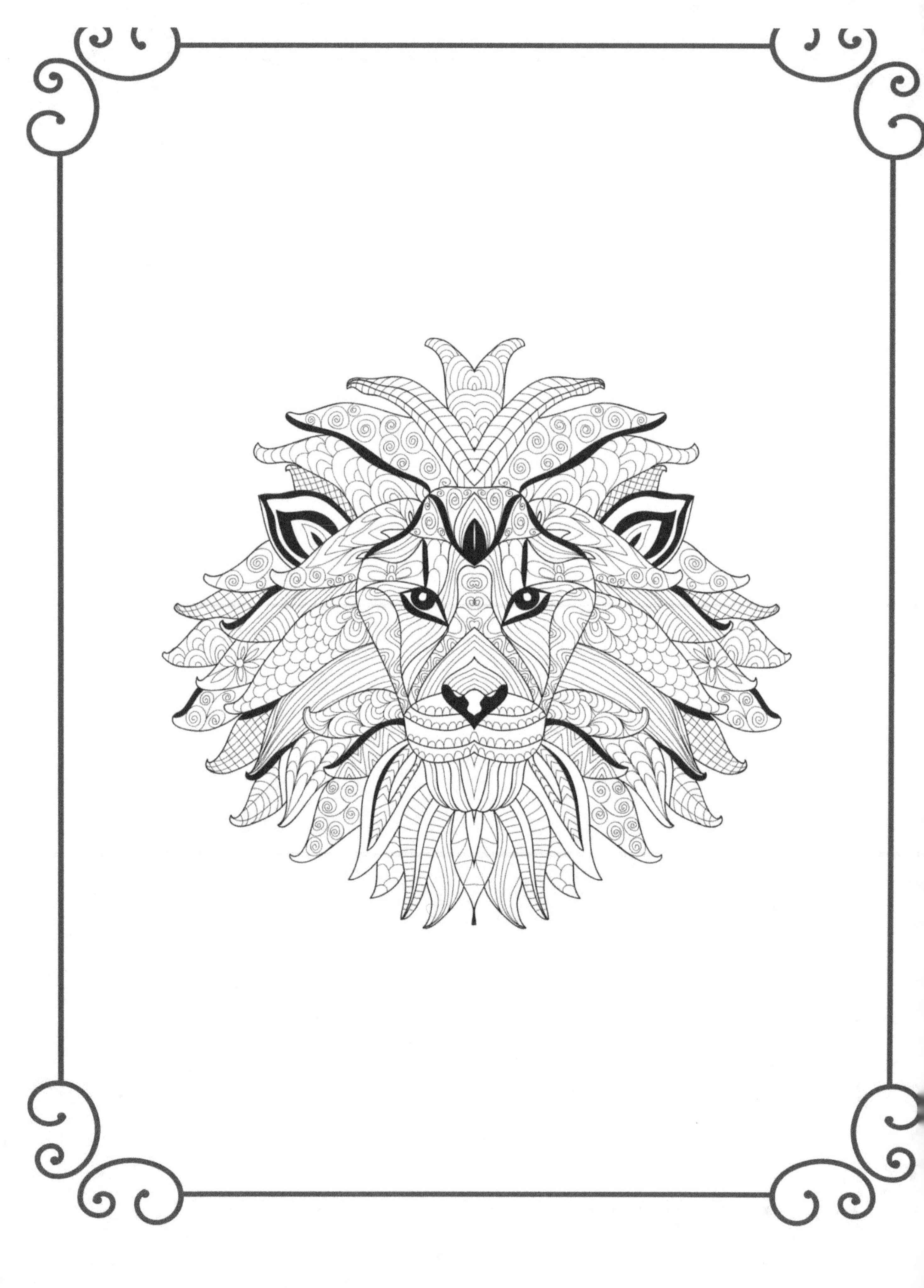

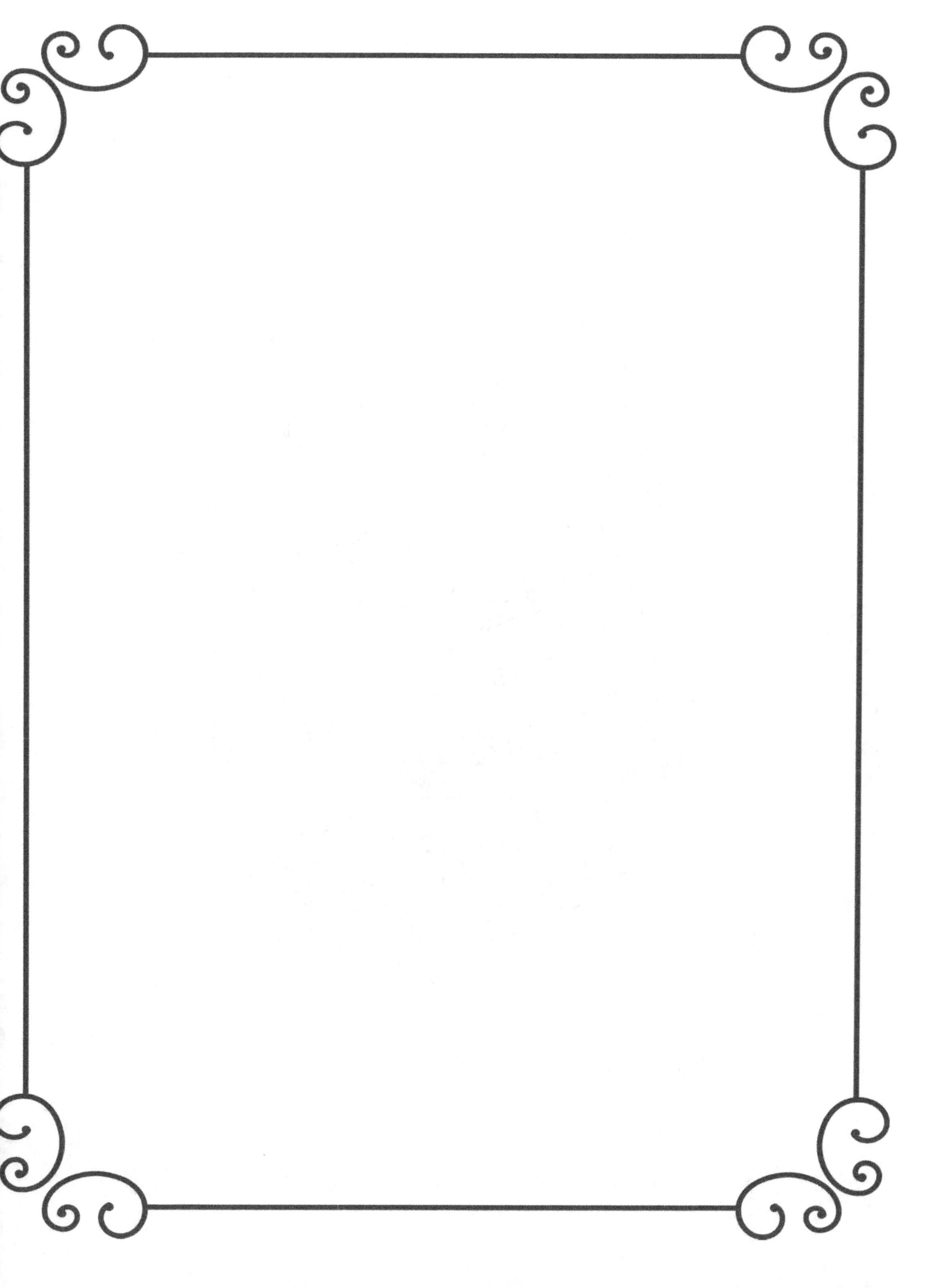

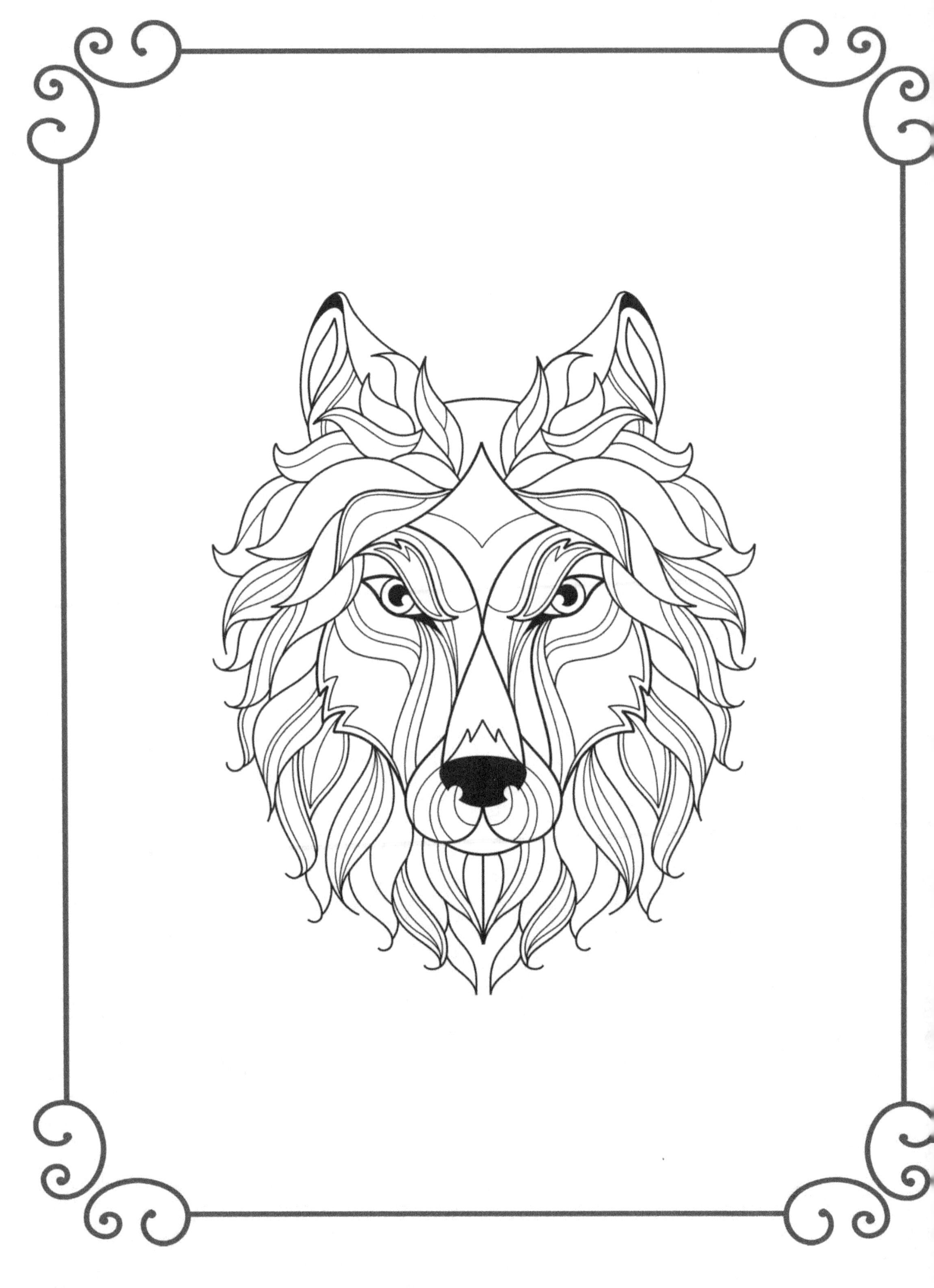

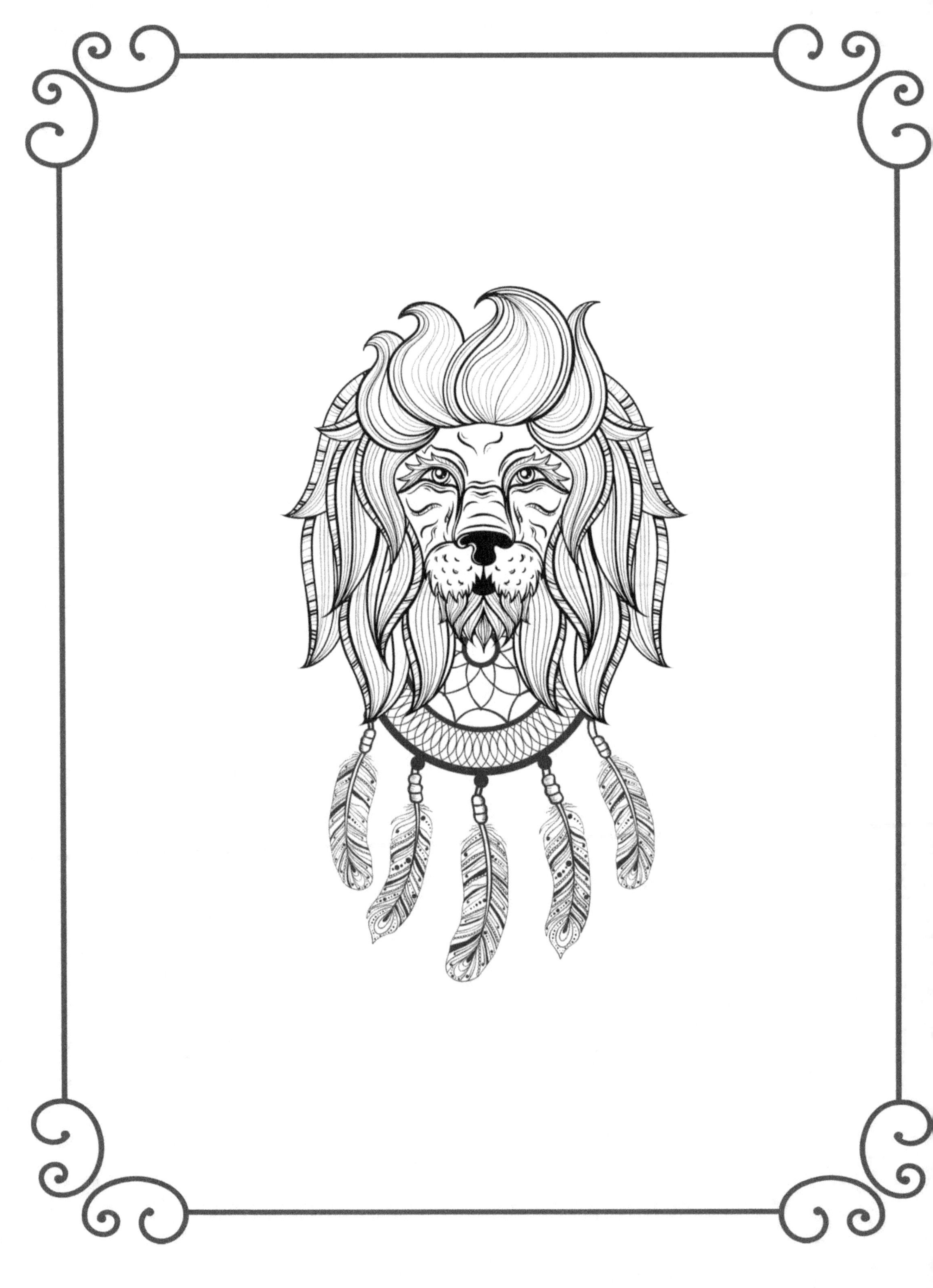

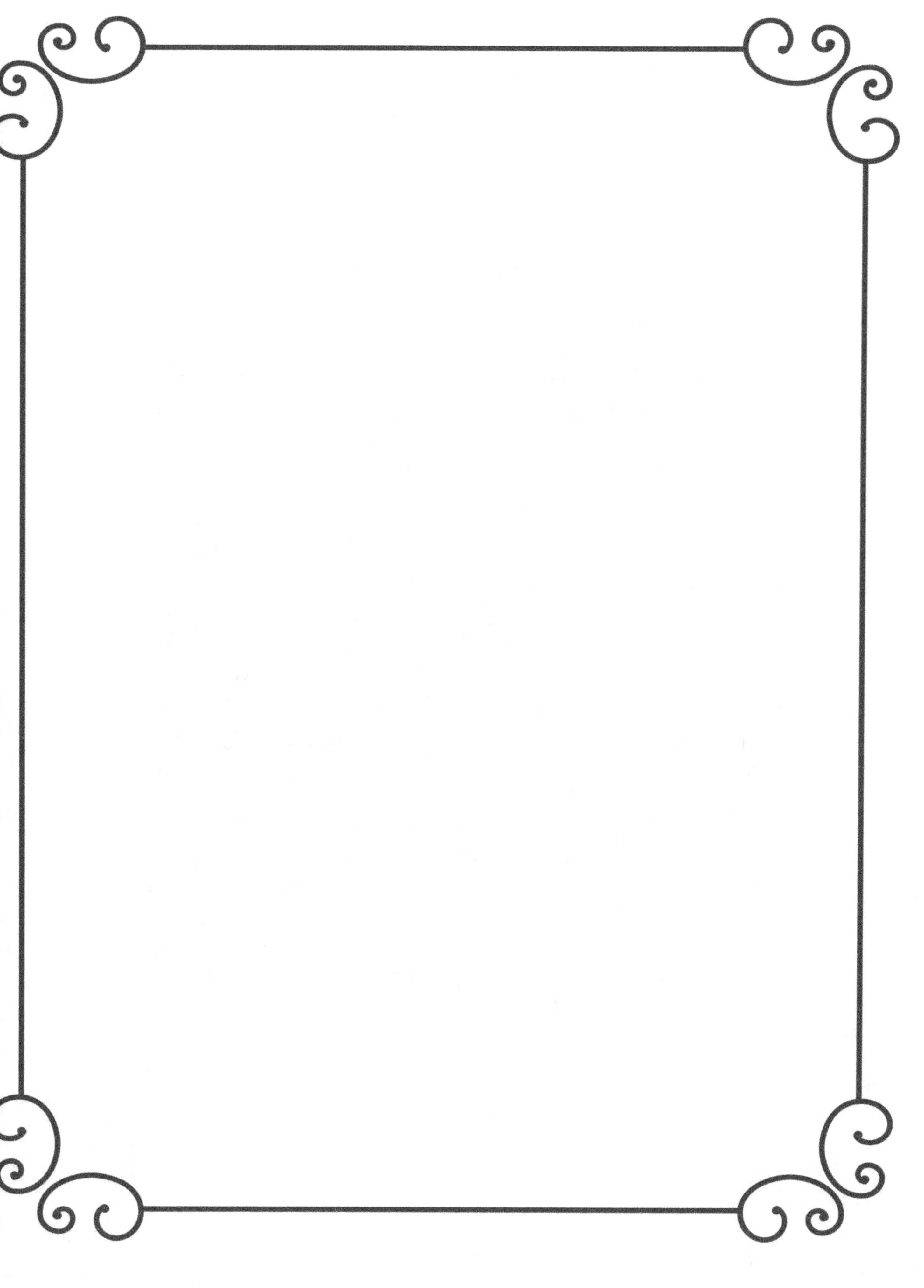

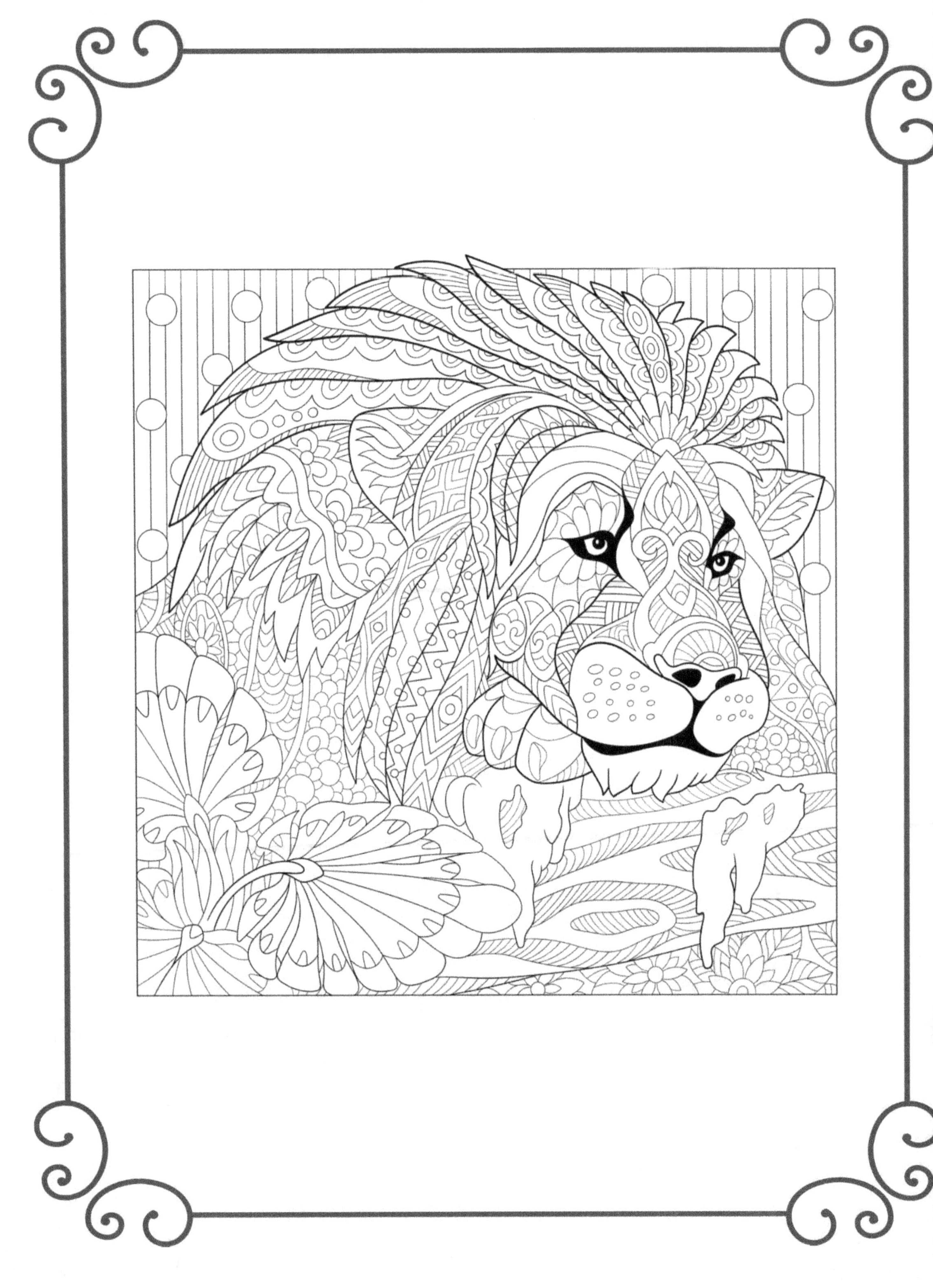

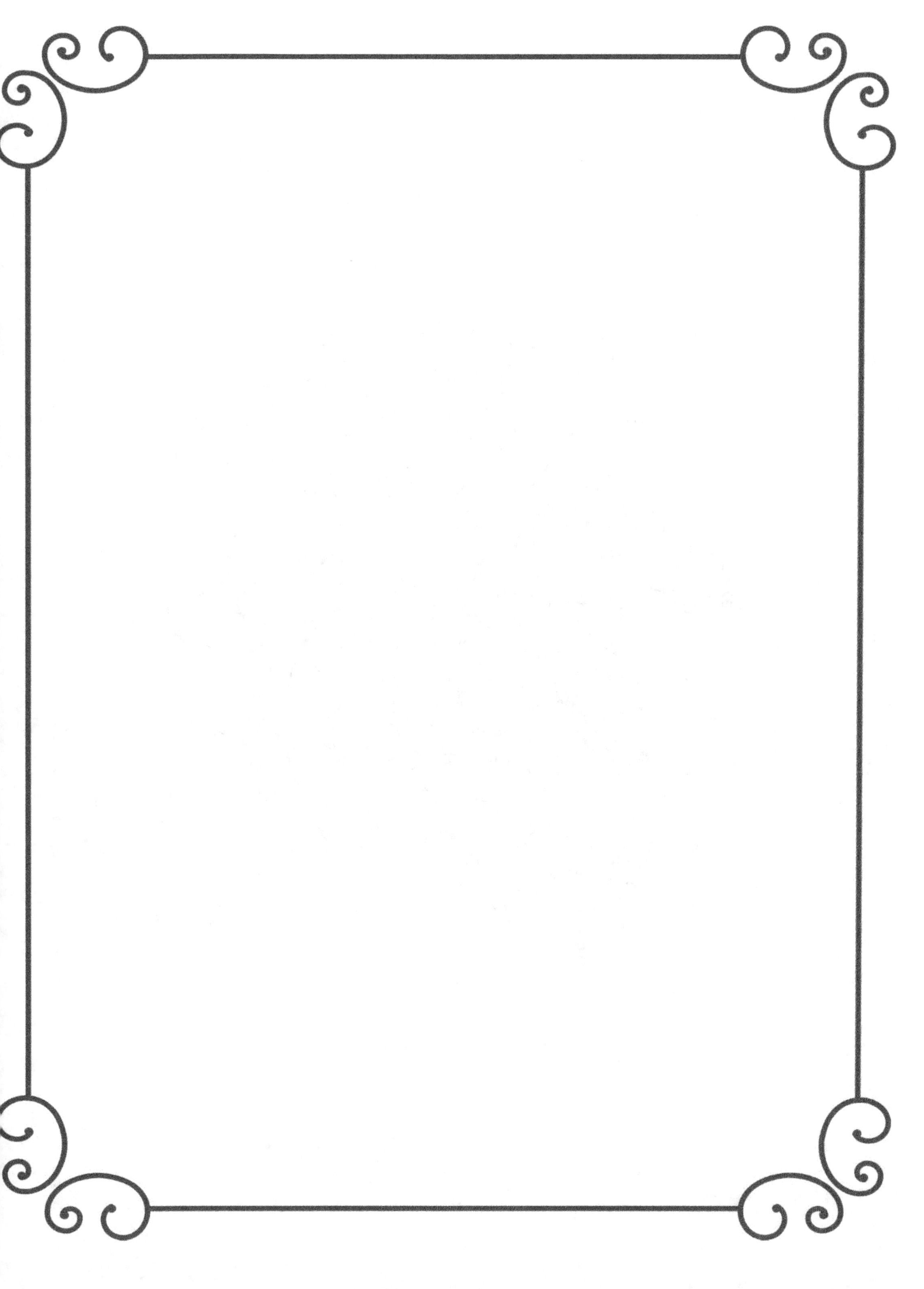

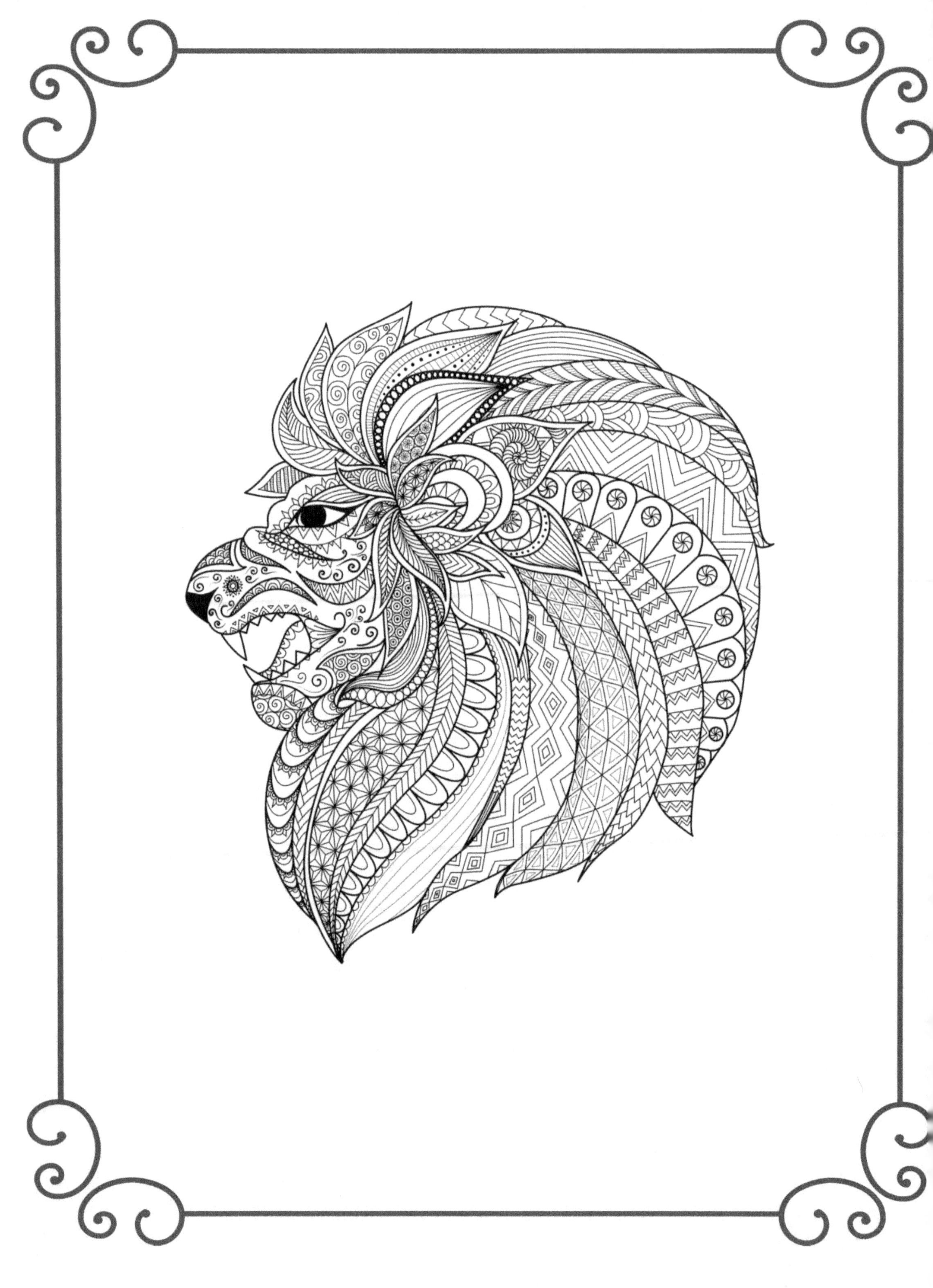

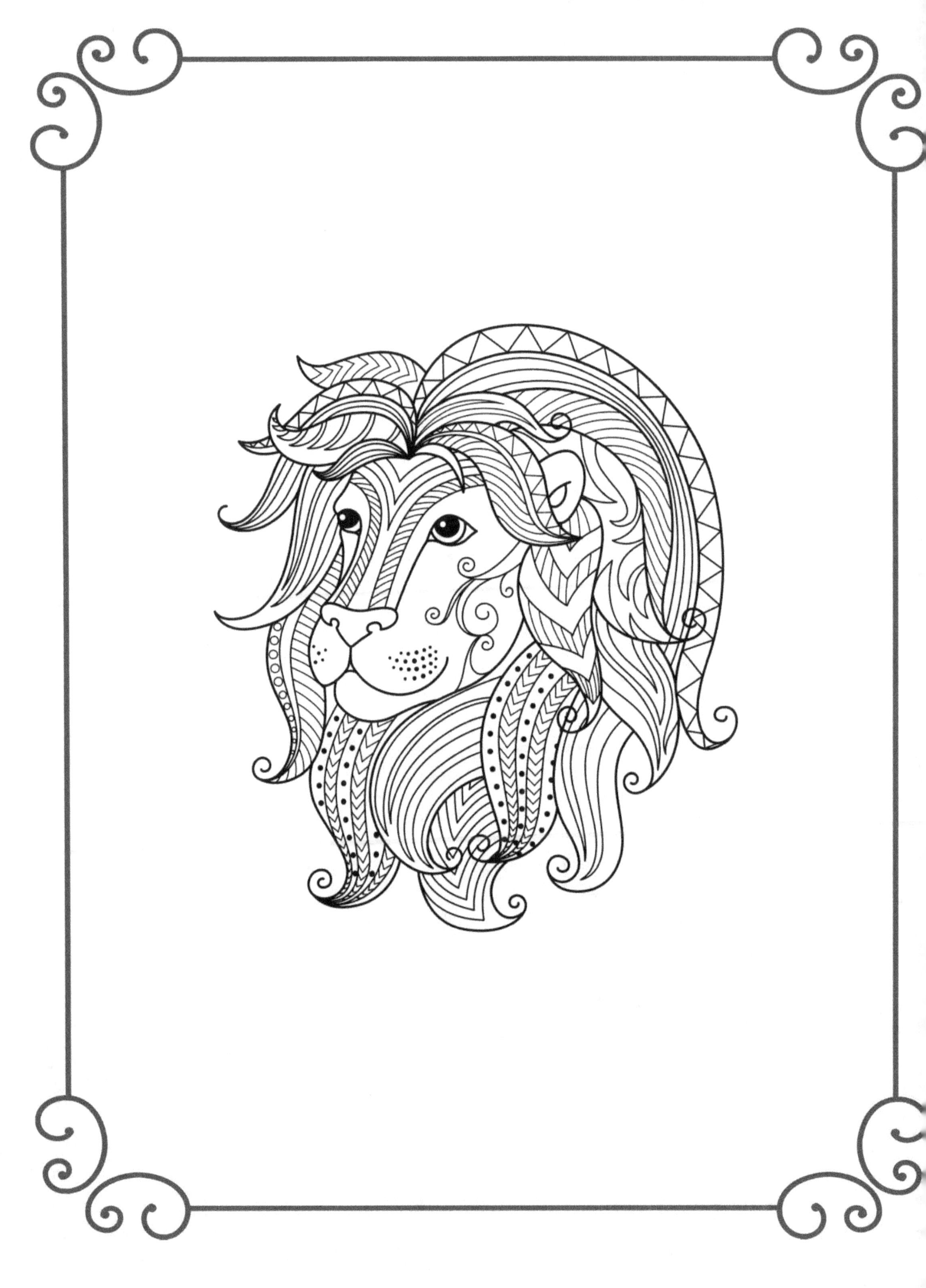

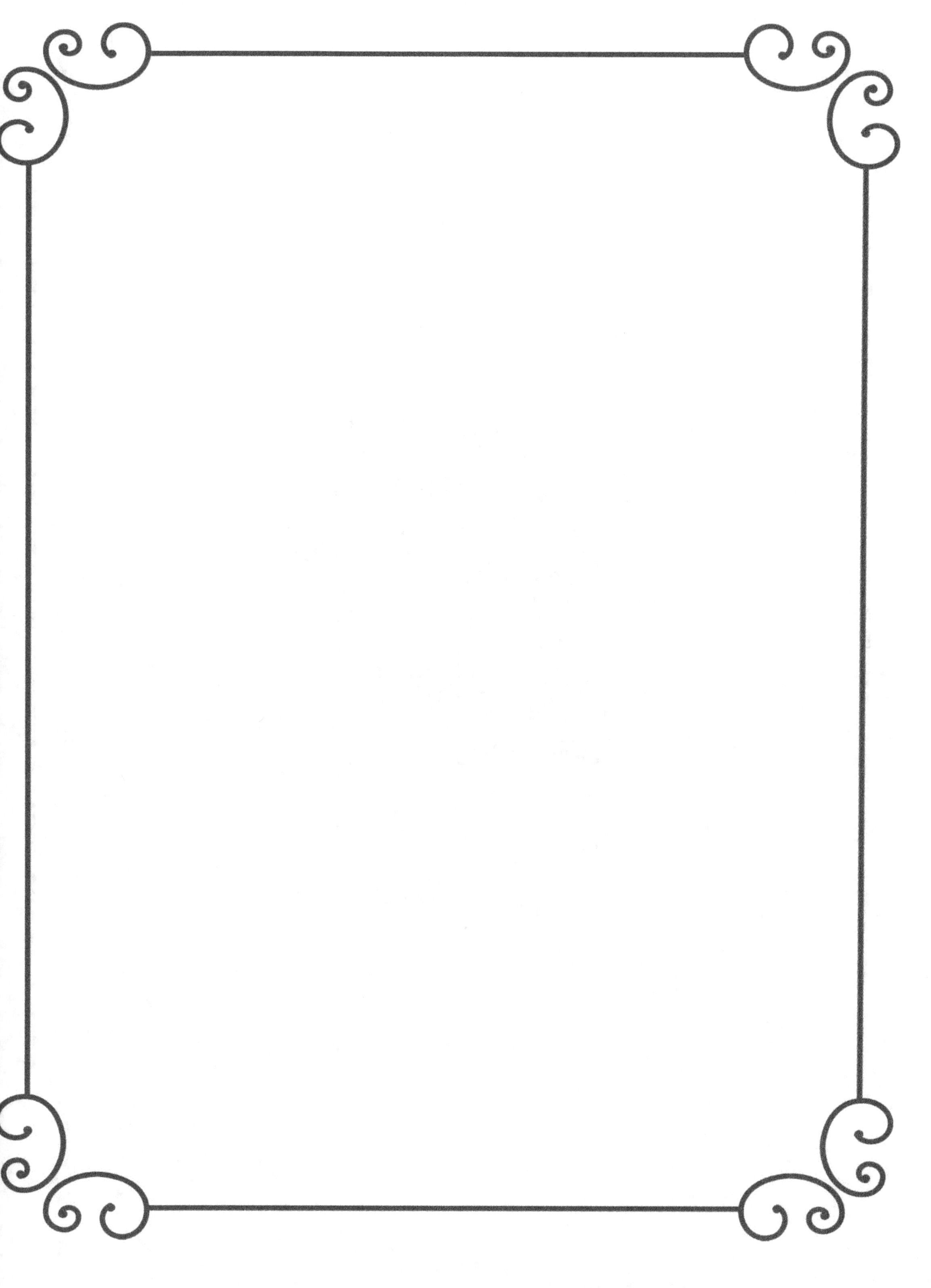

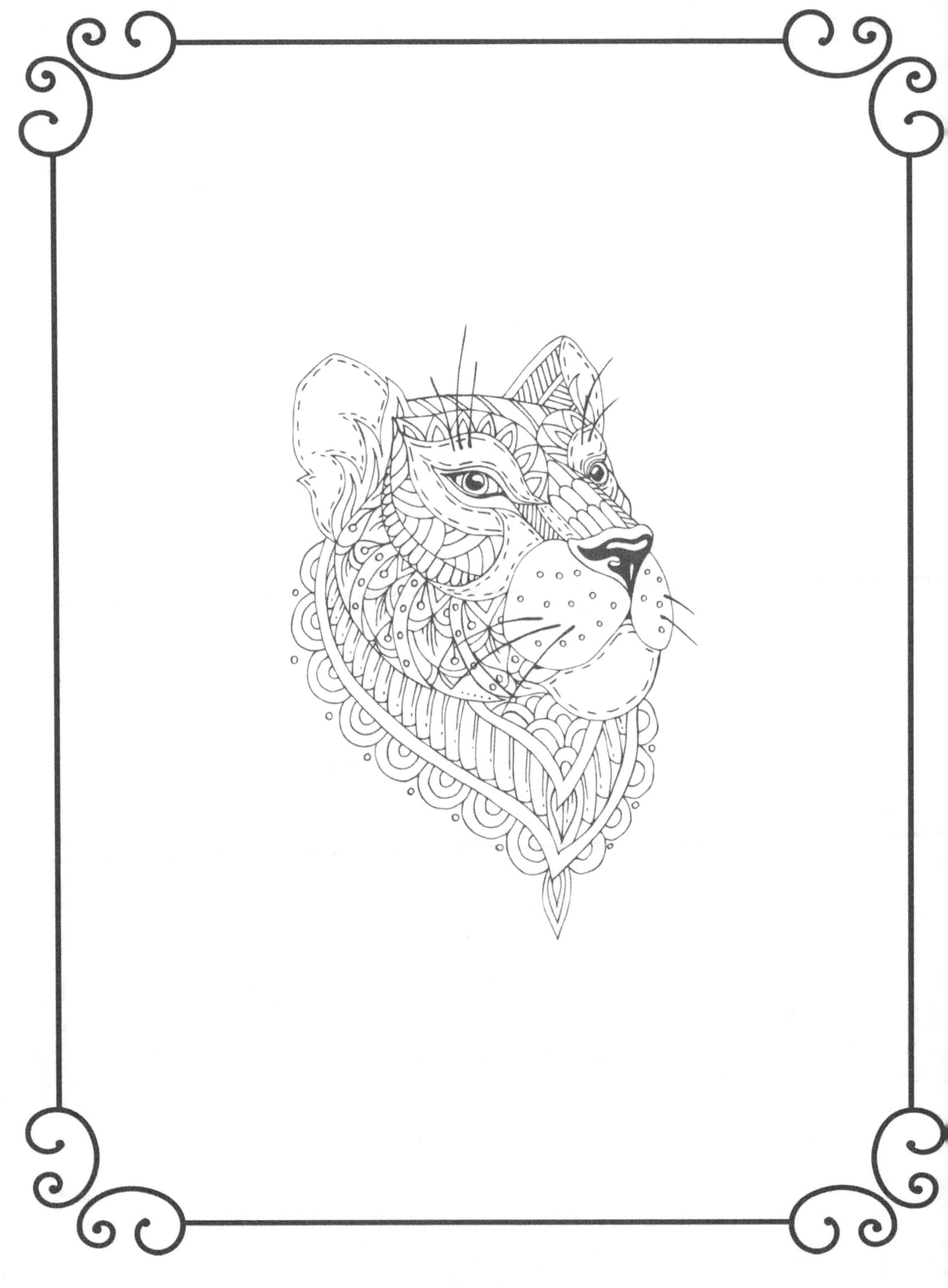

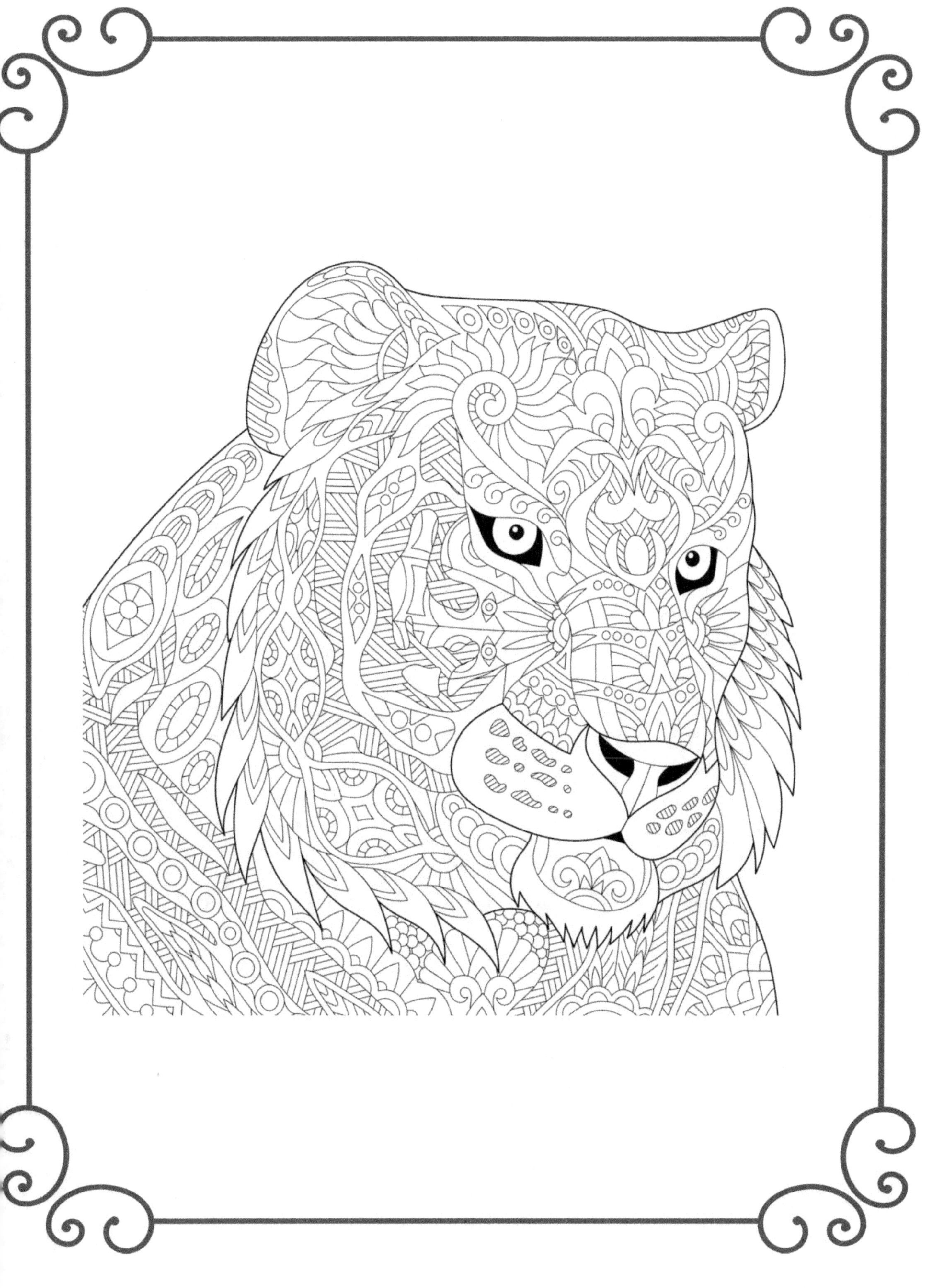

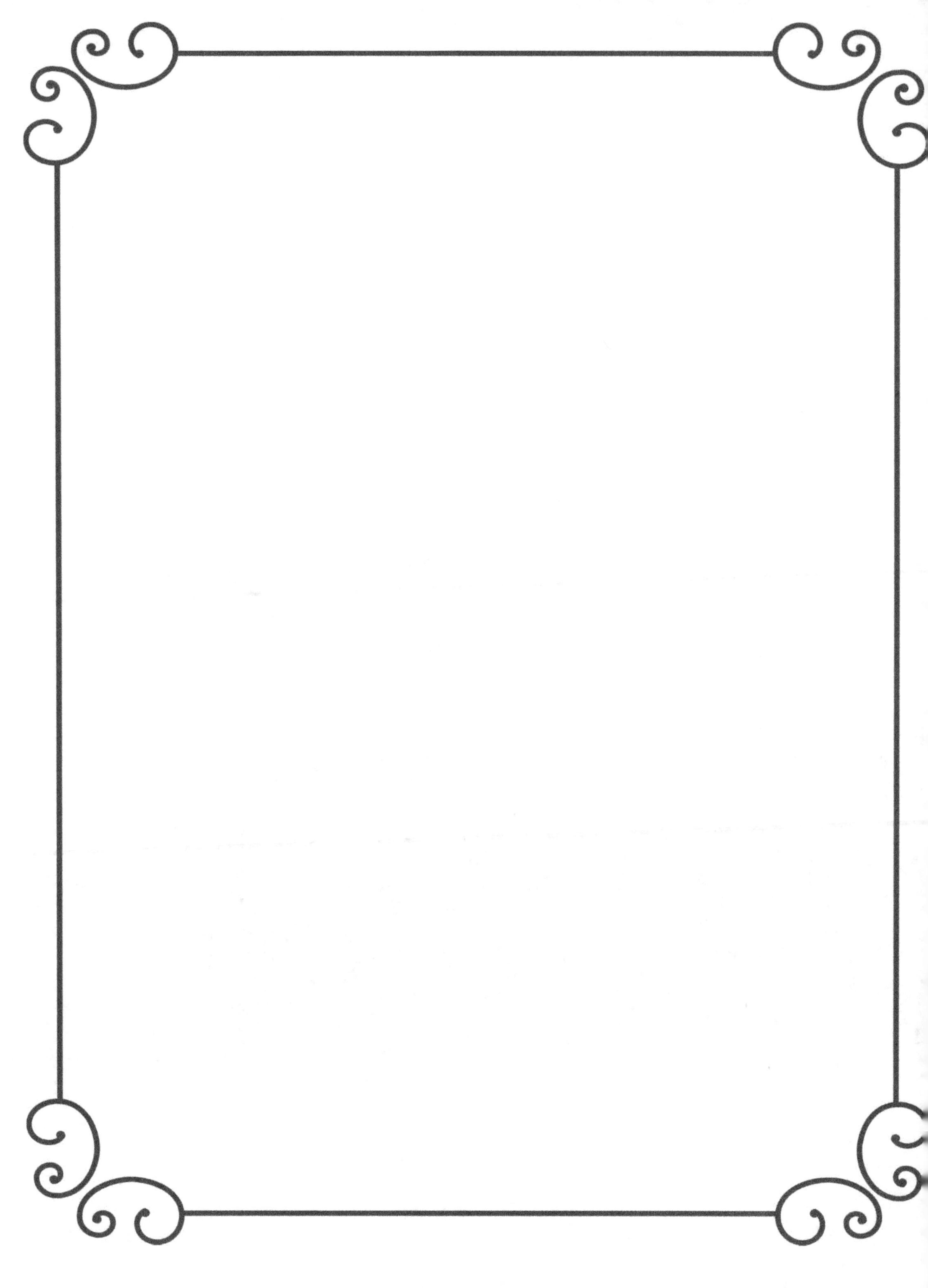

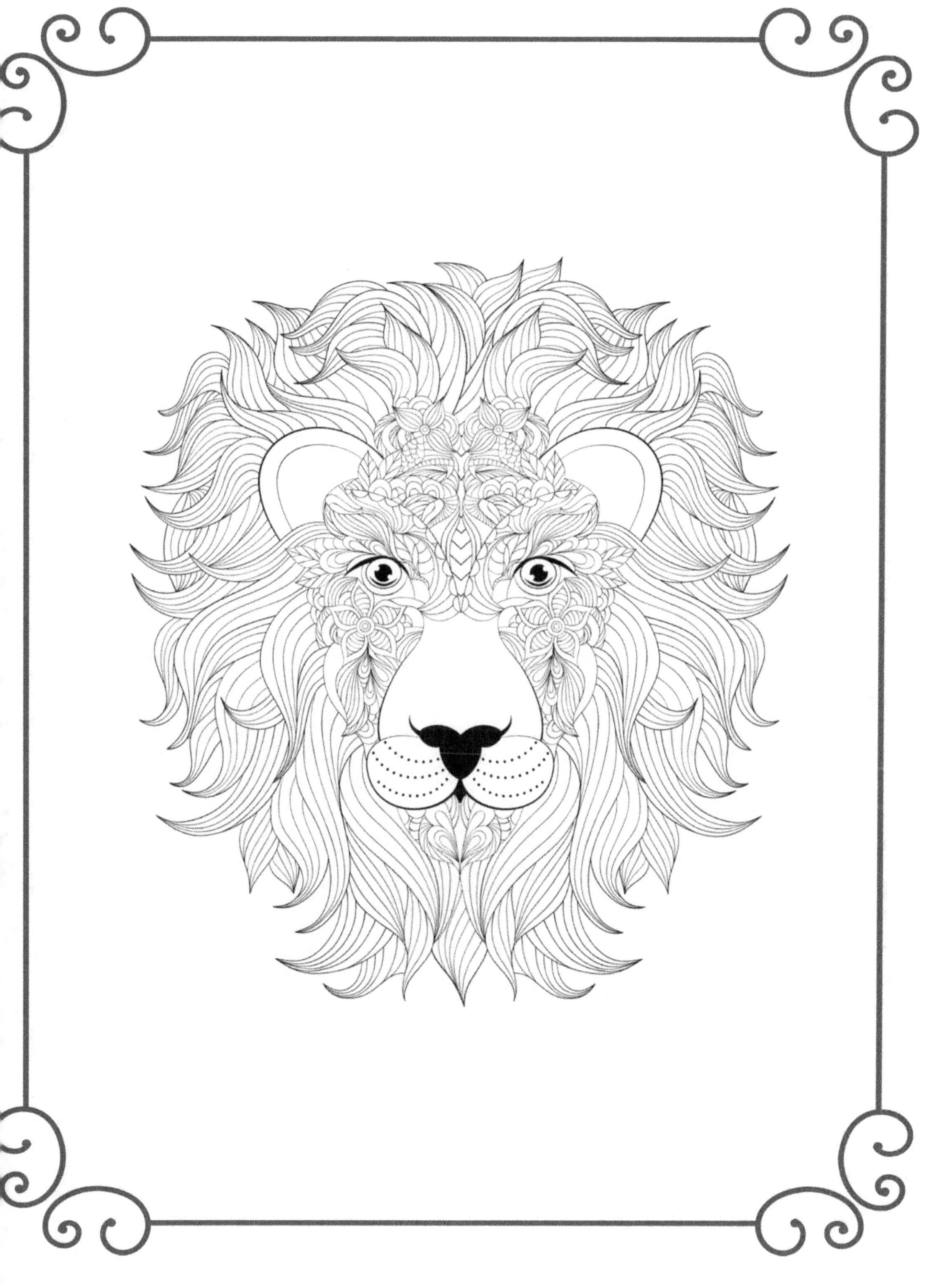

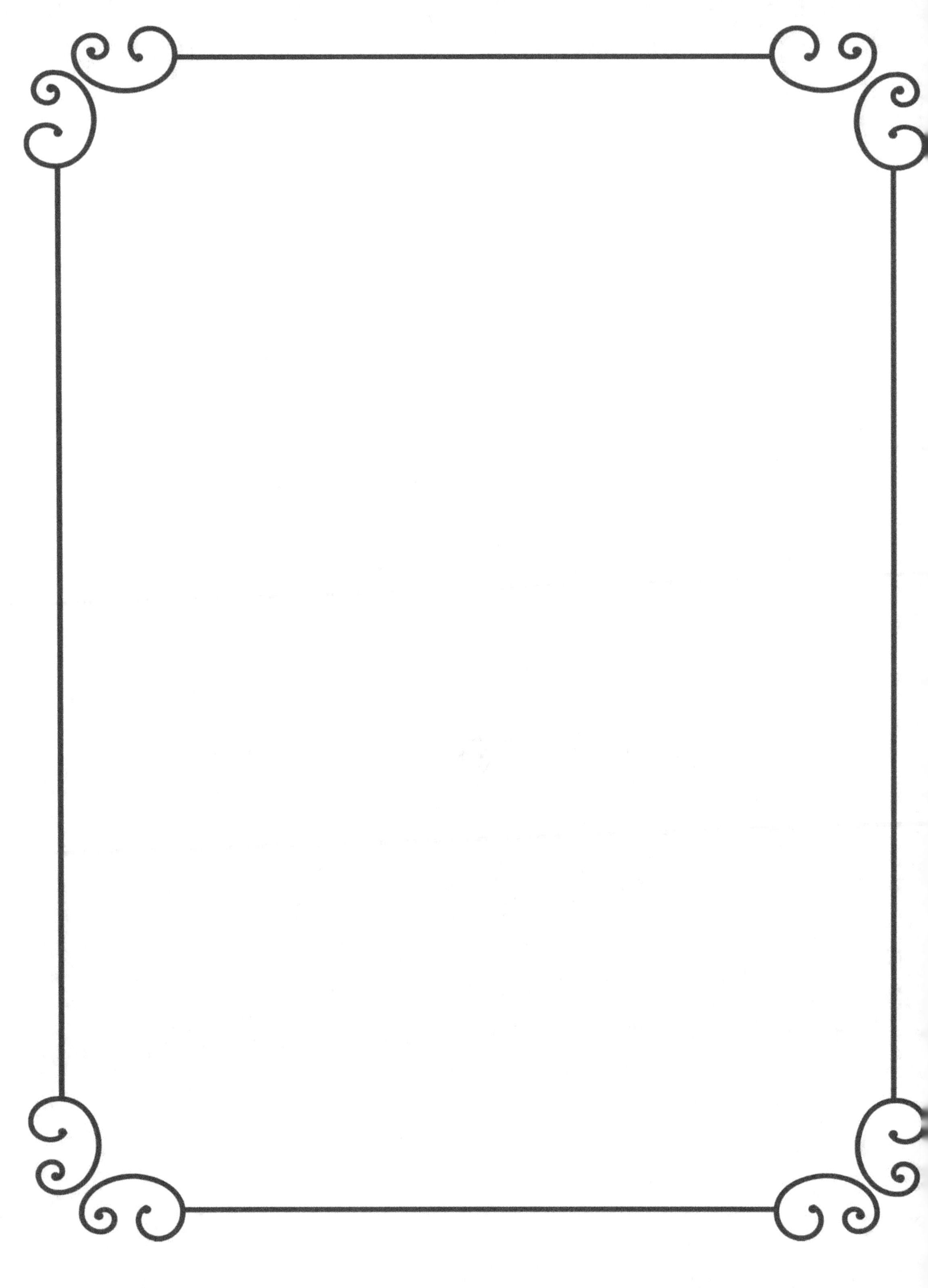

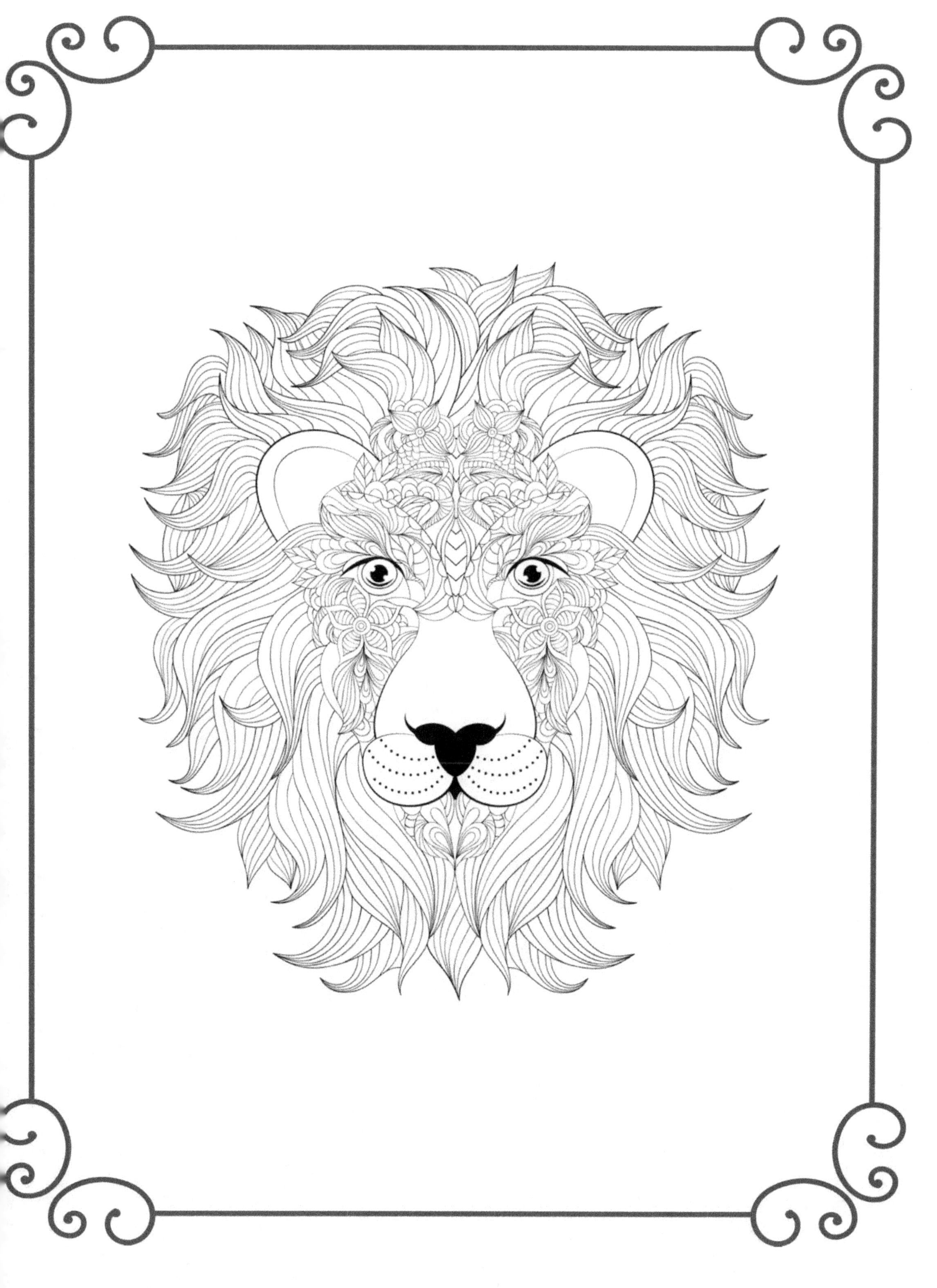

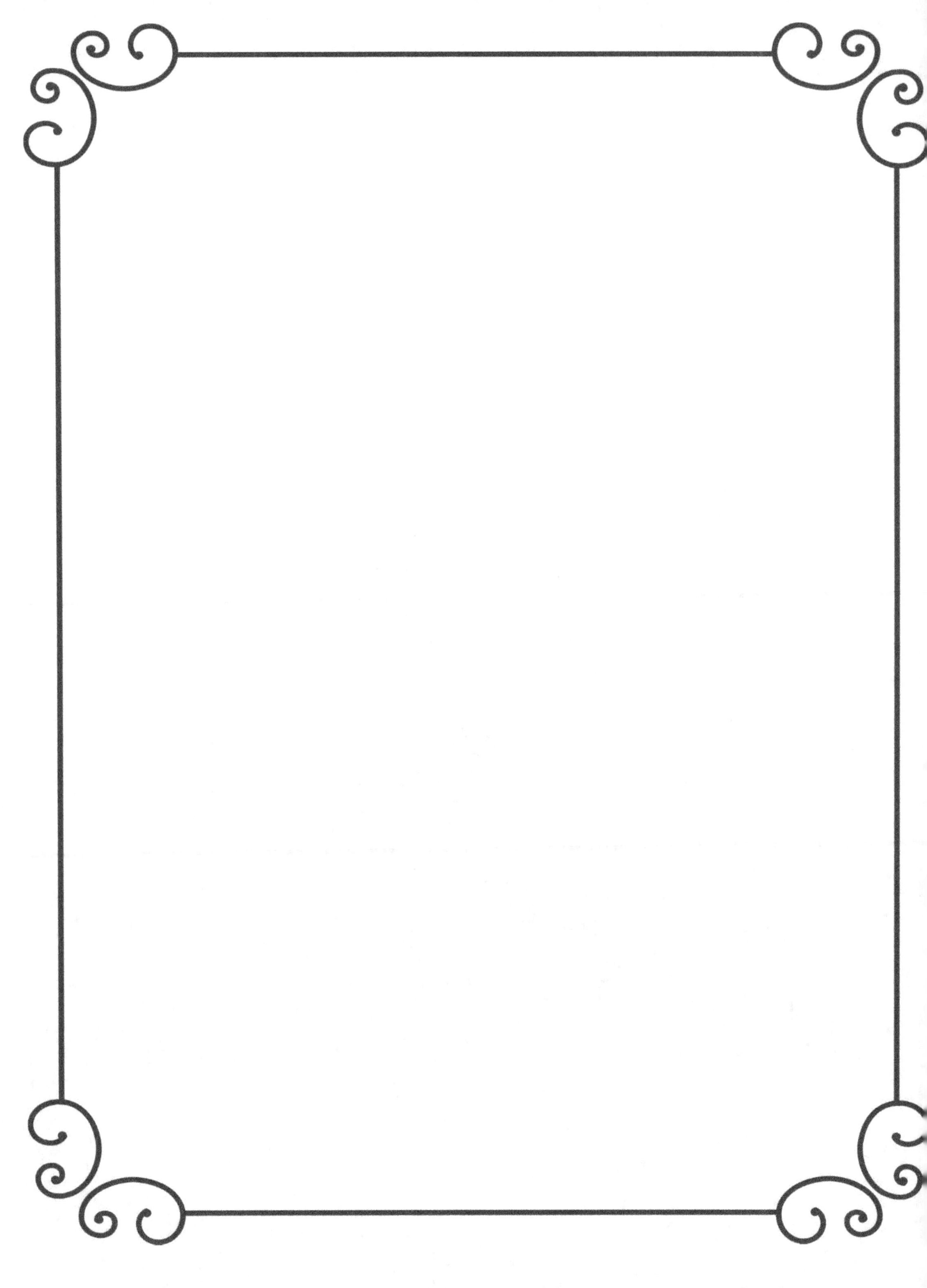

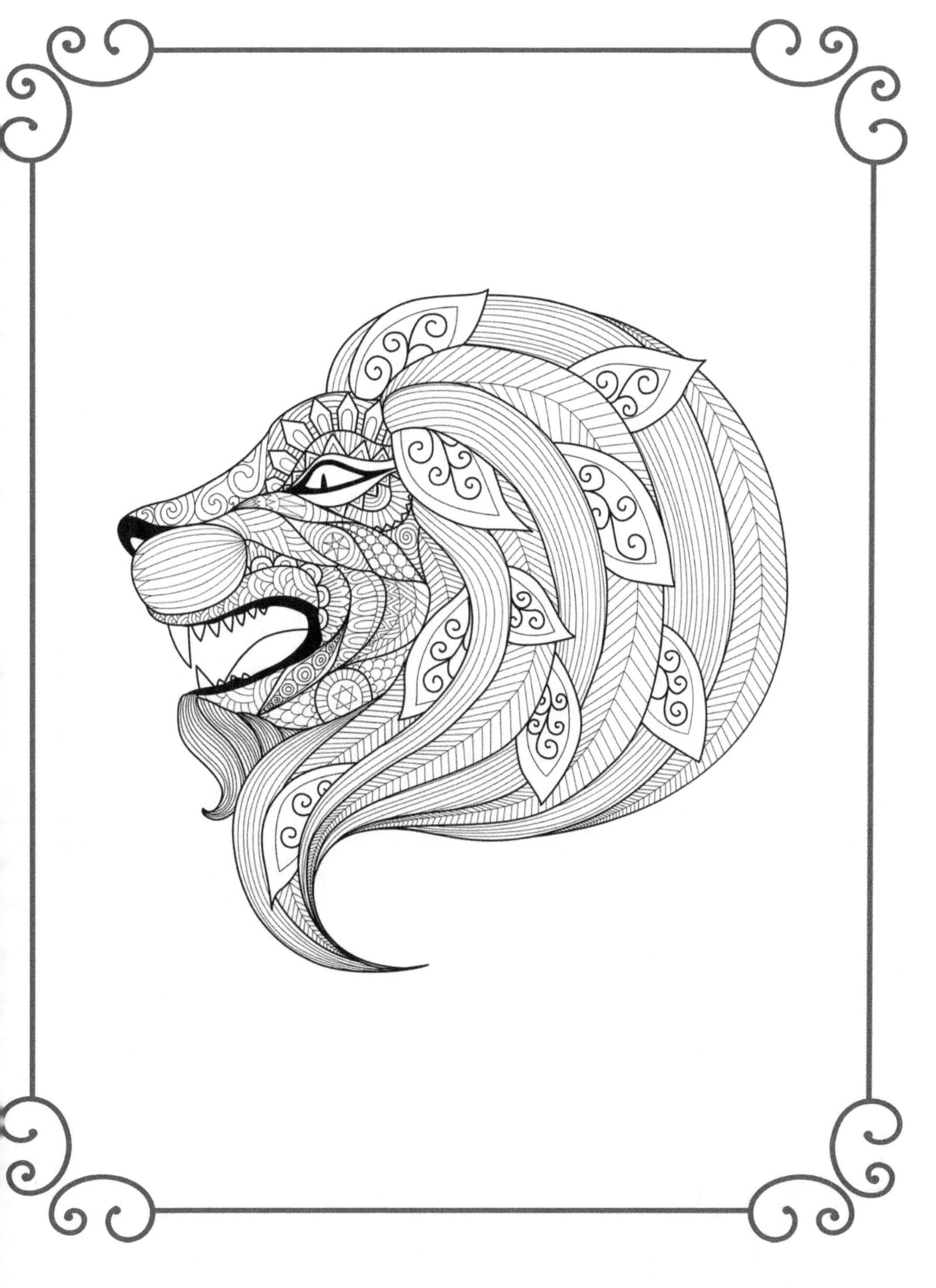

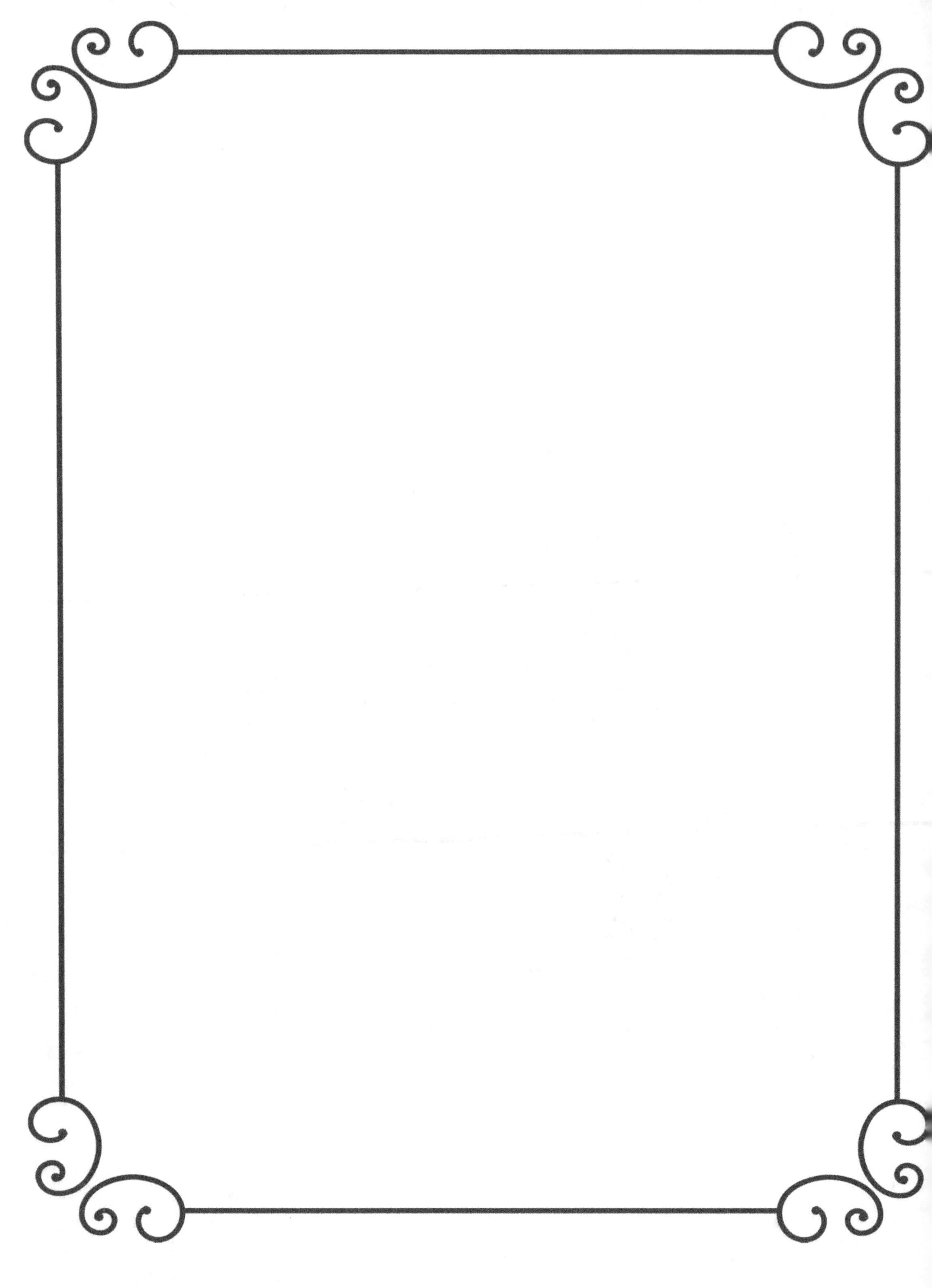

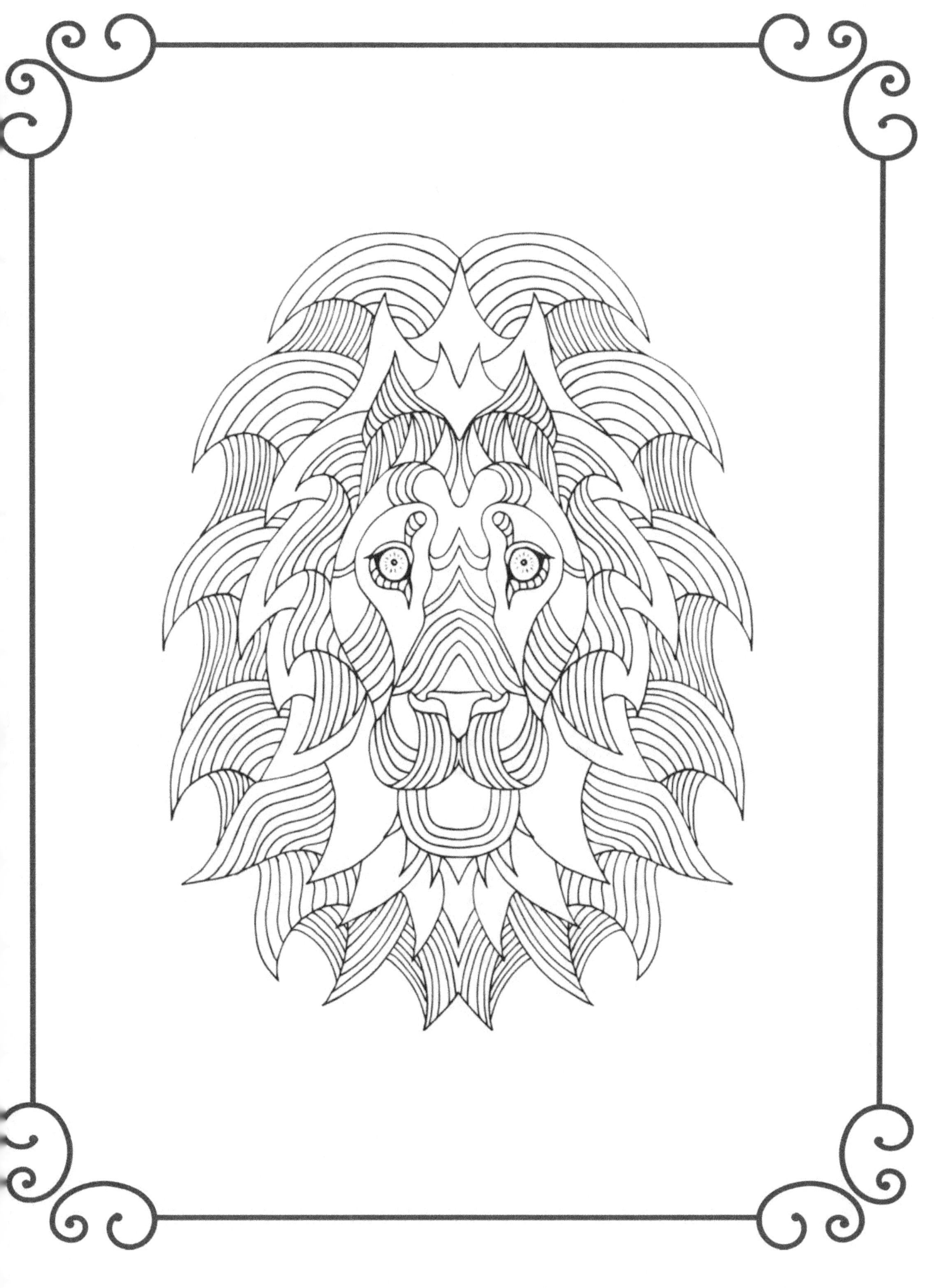

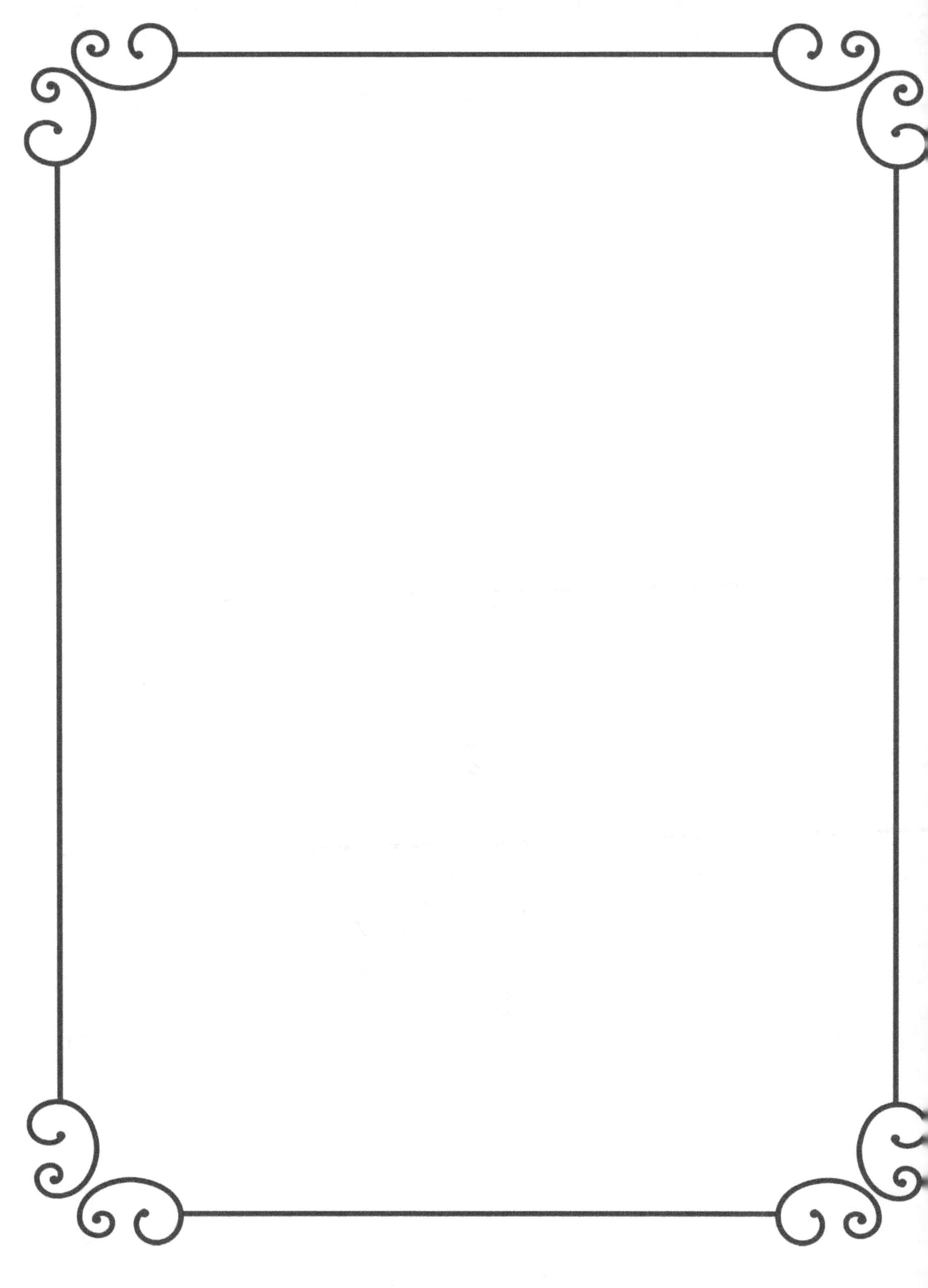

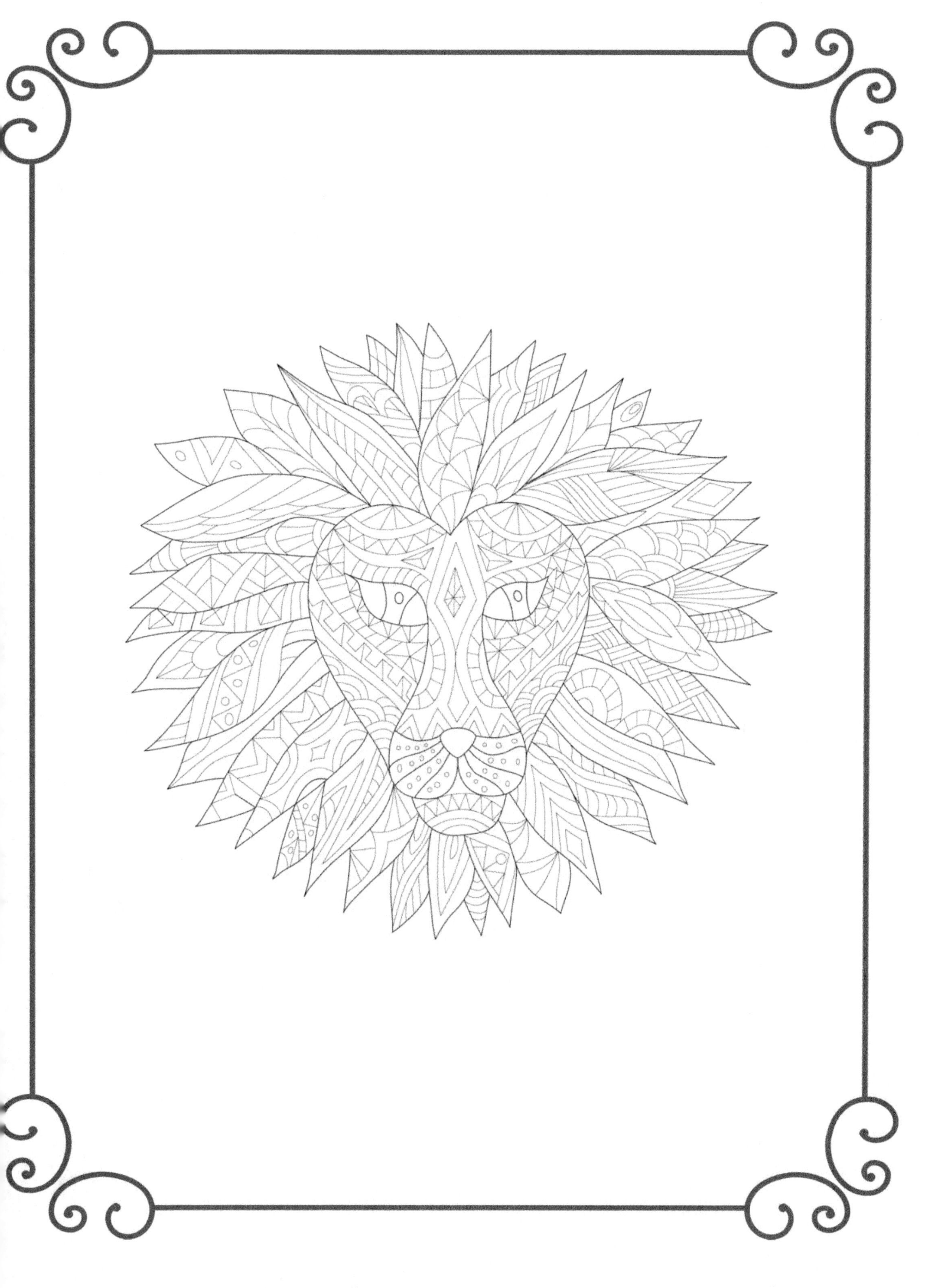

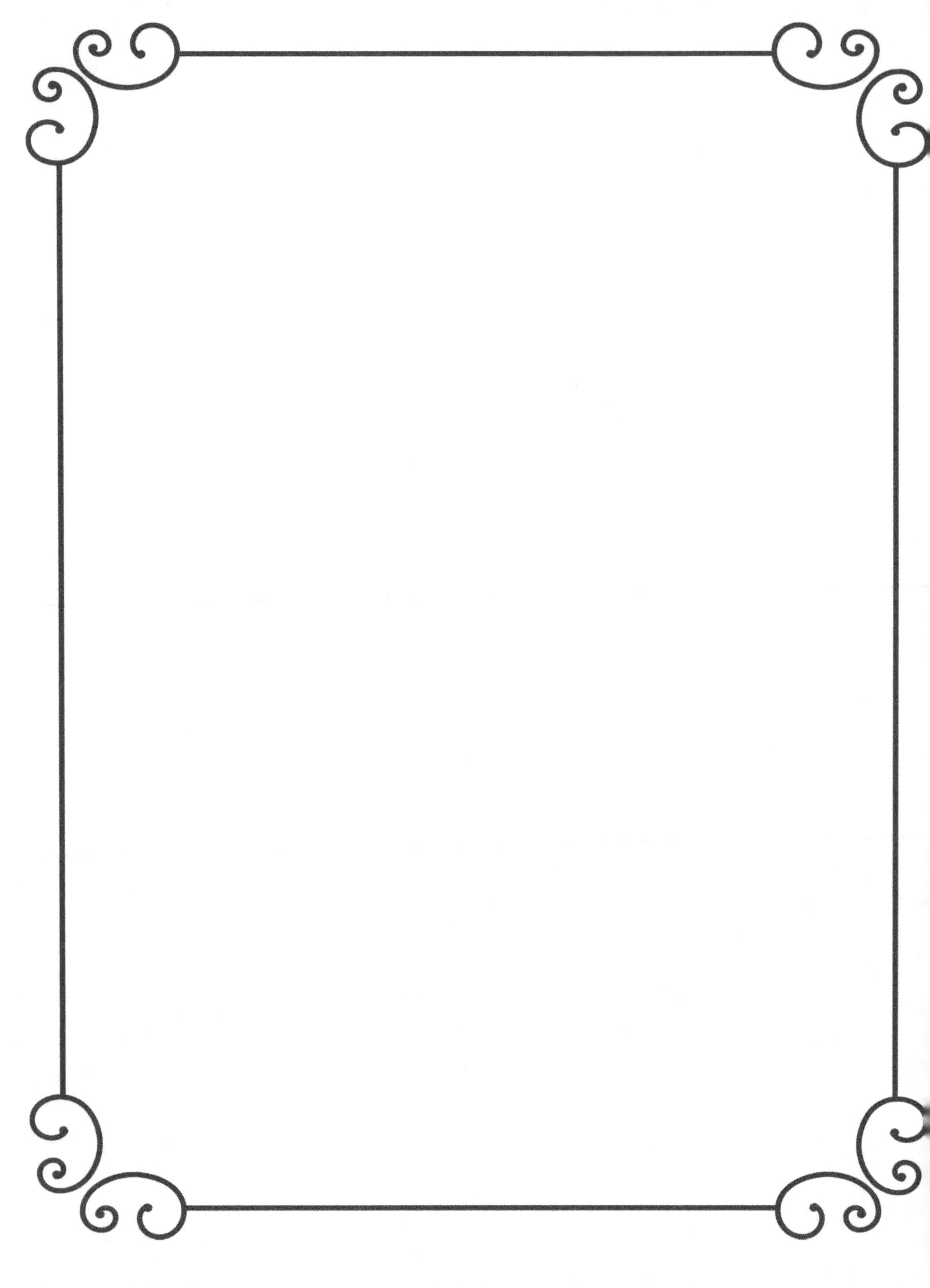

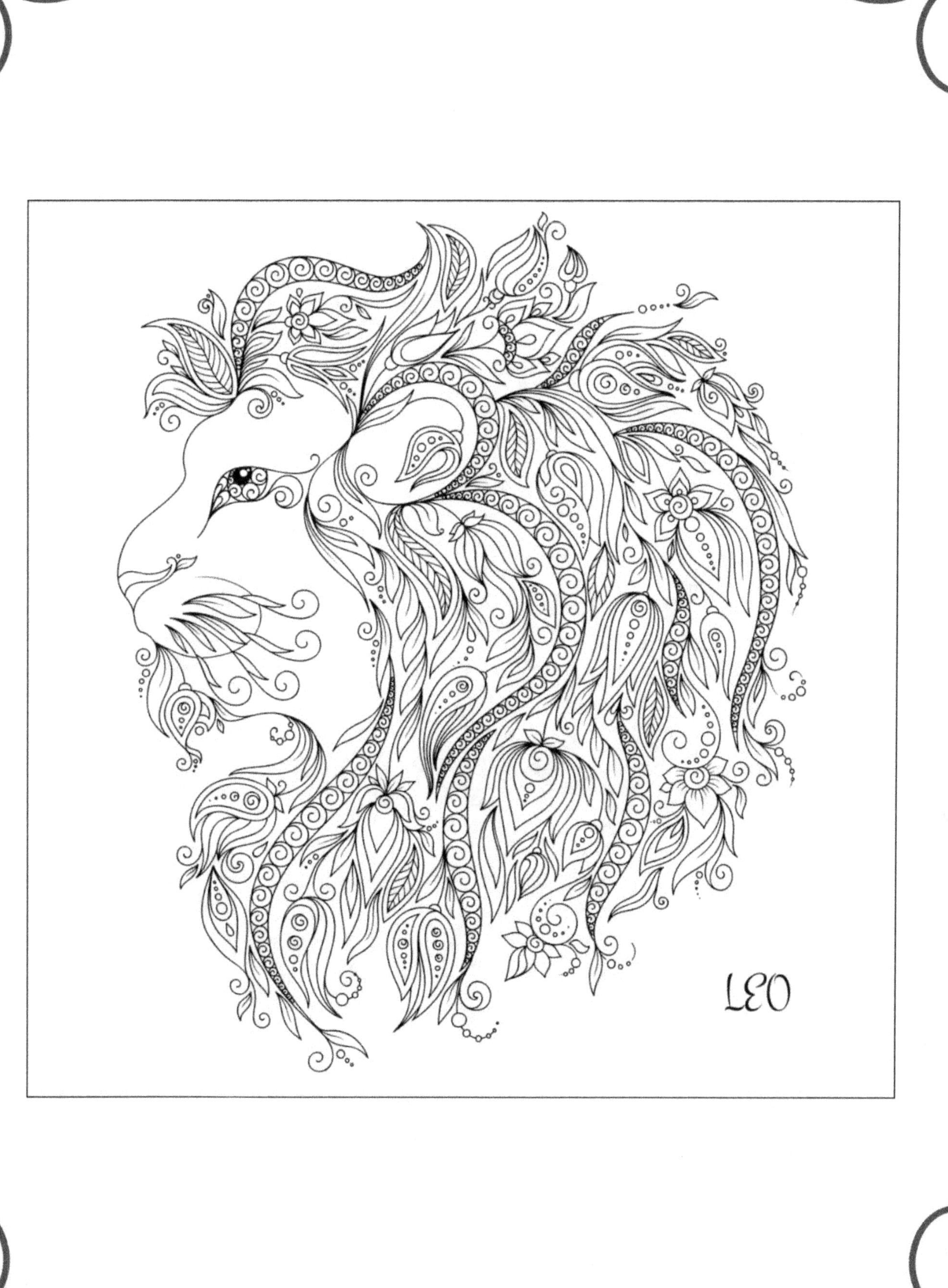
LEO

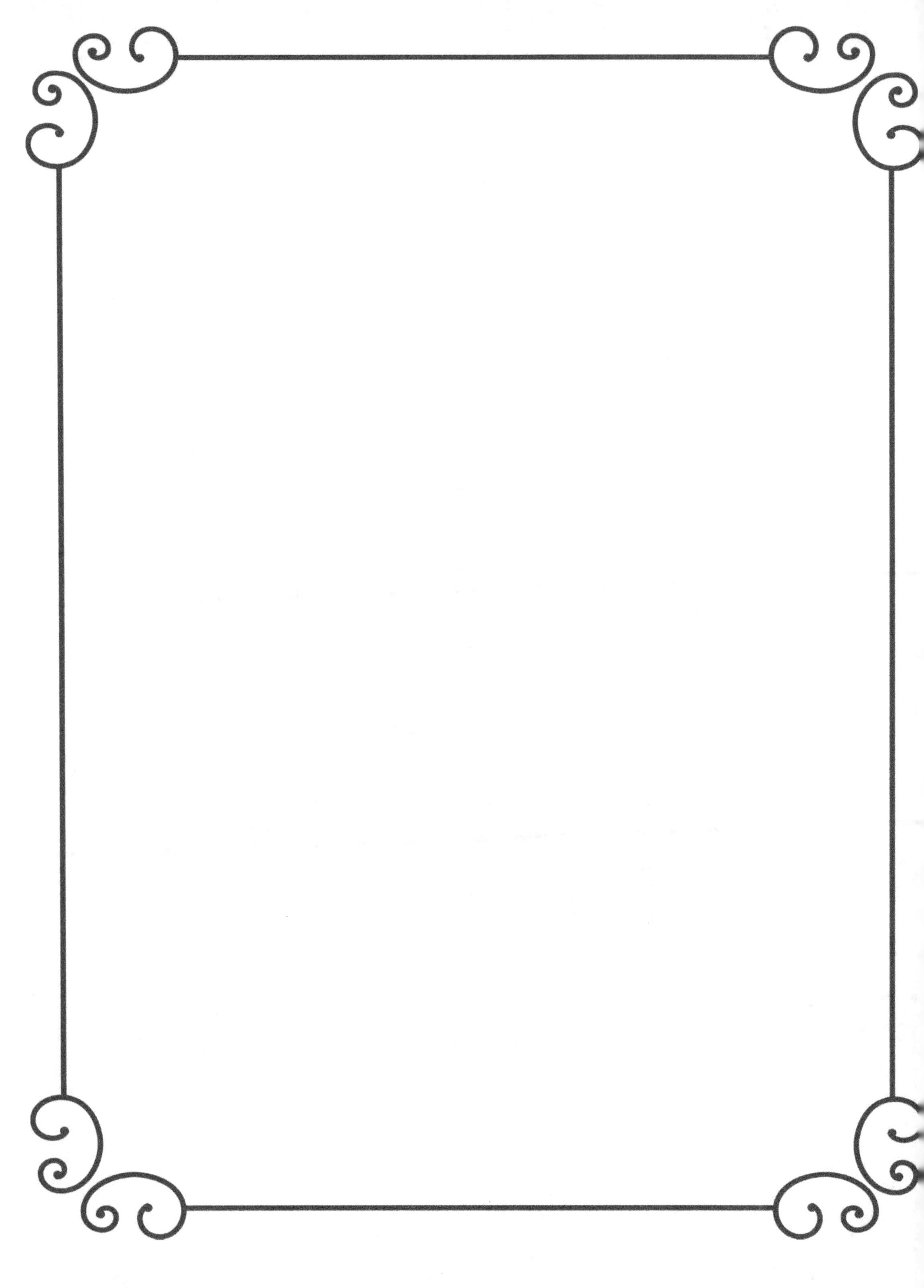

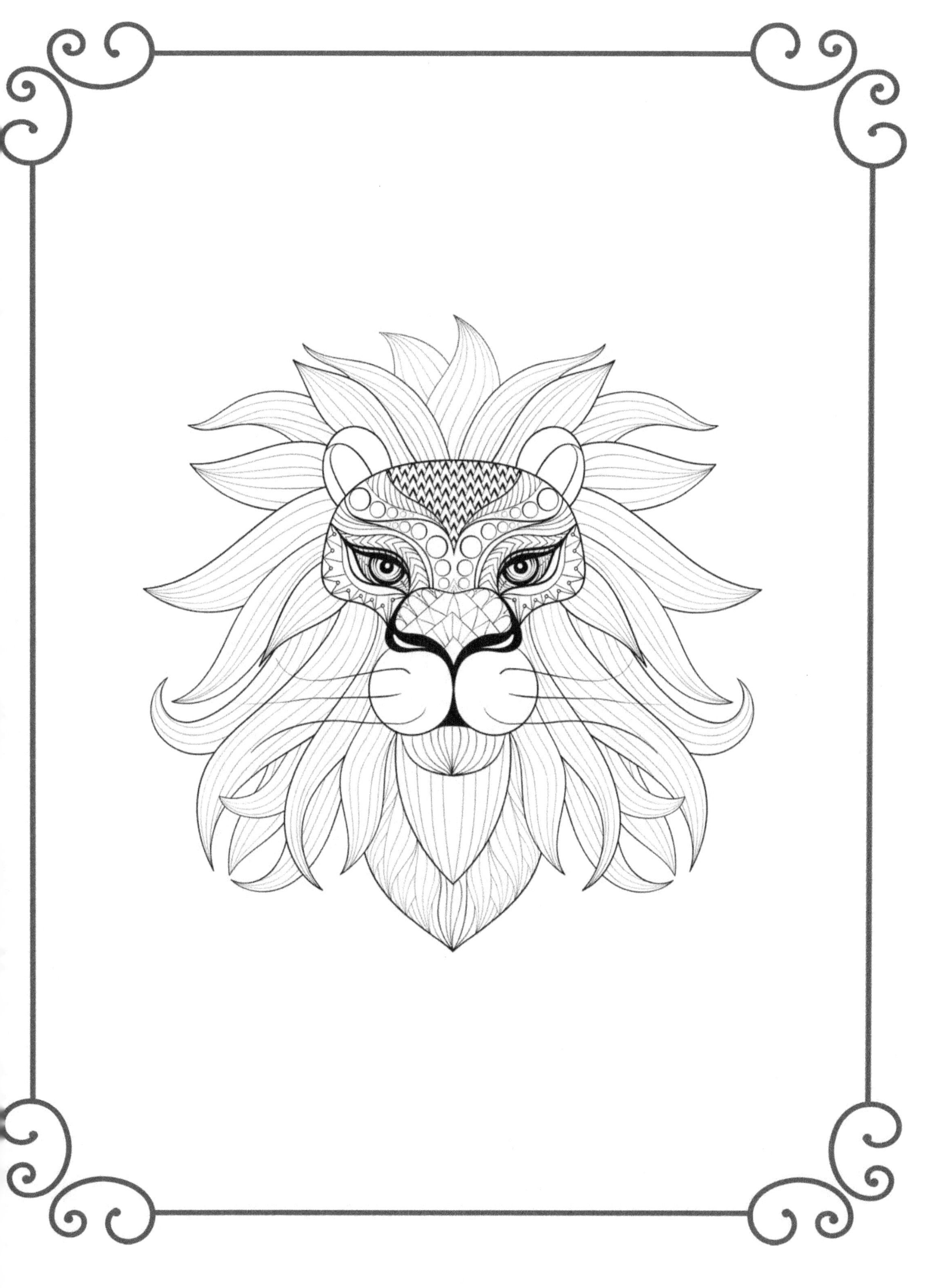

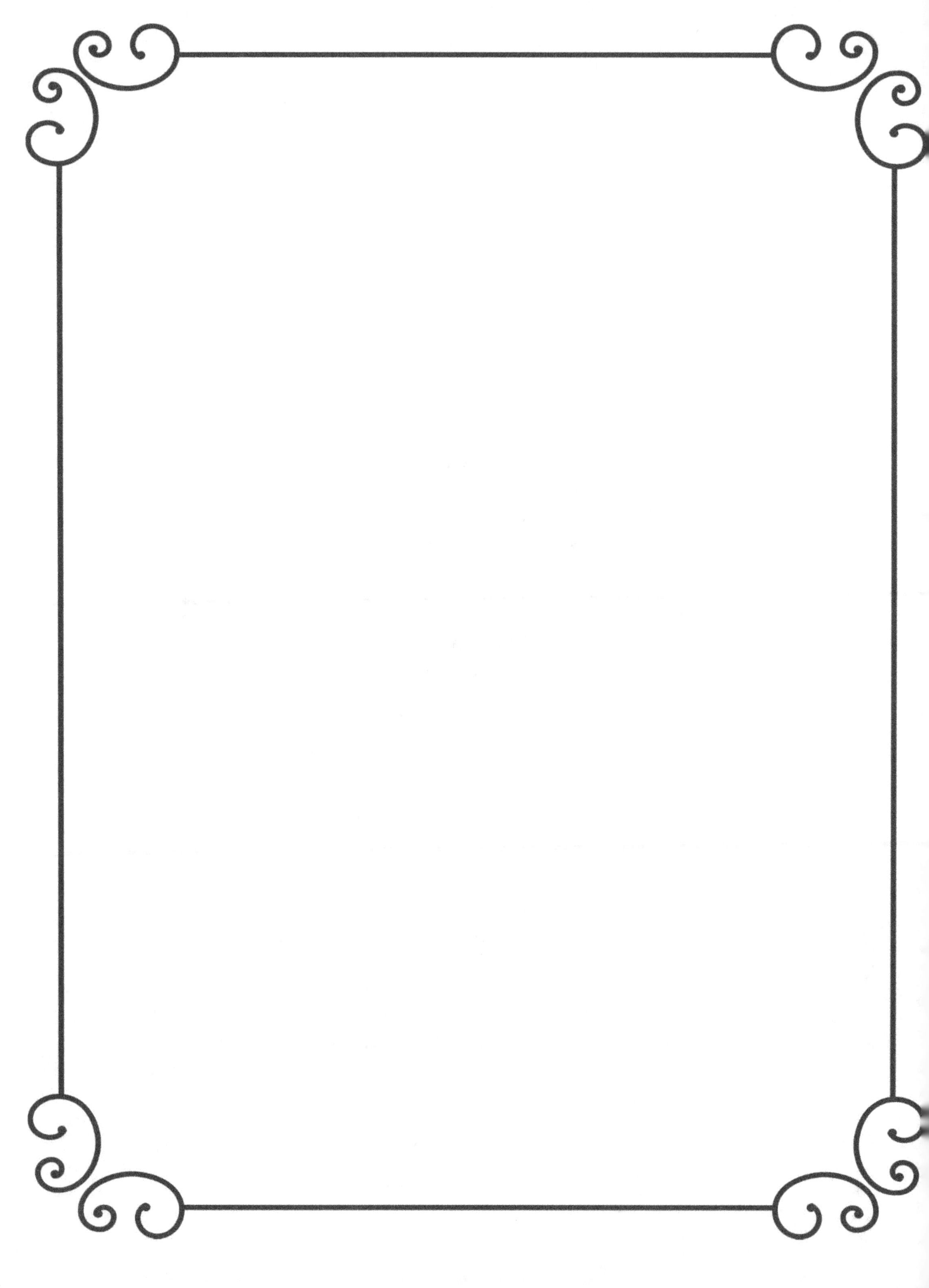

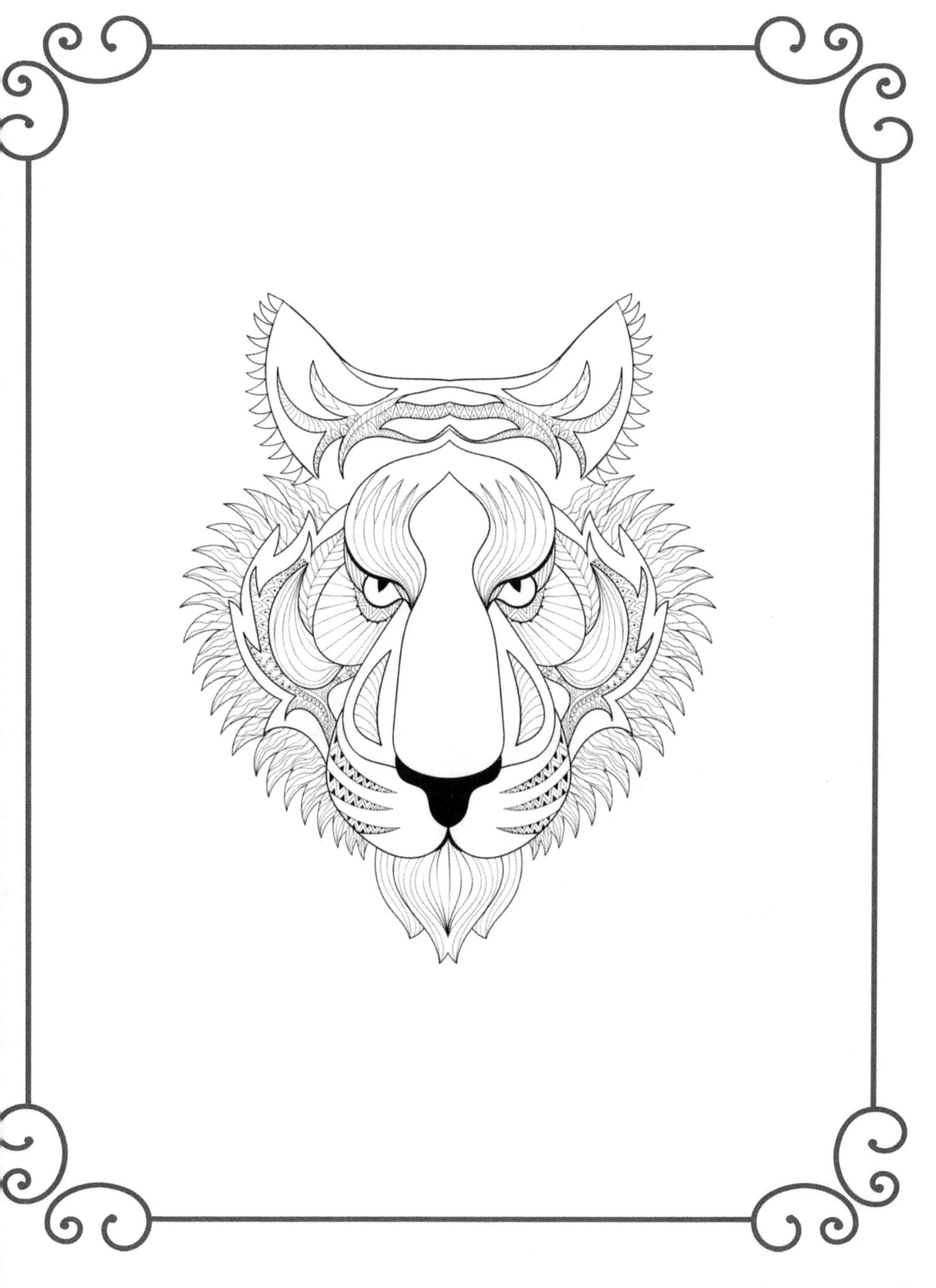

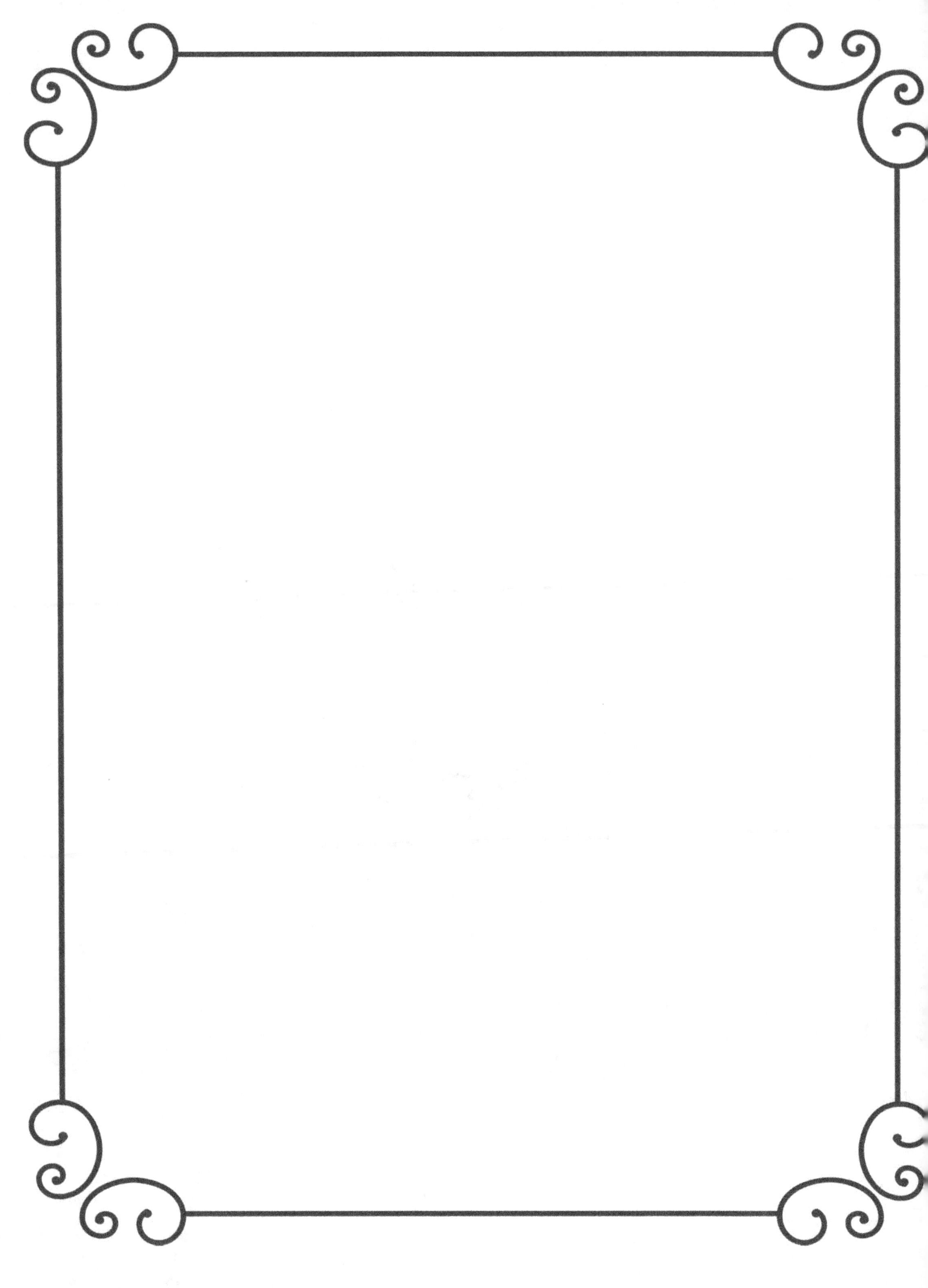

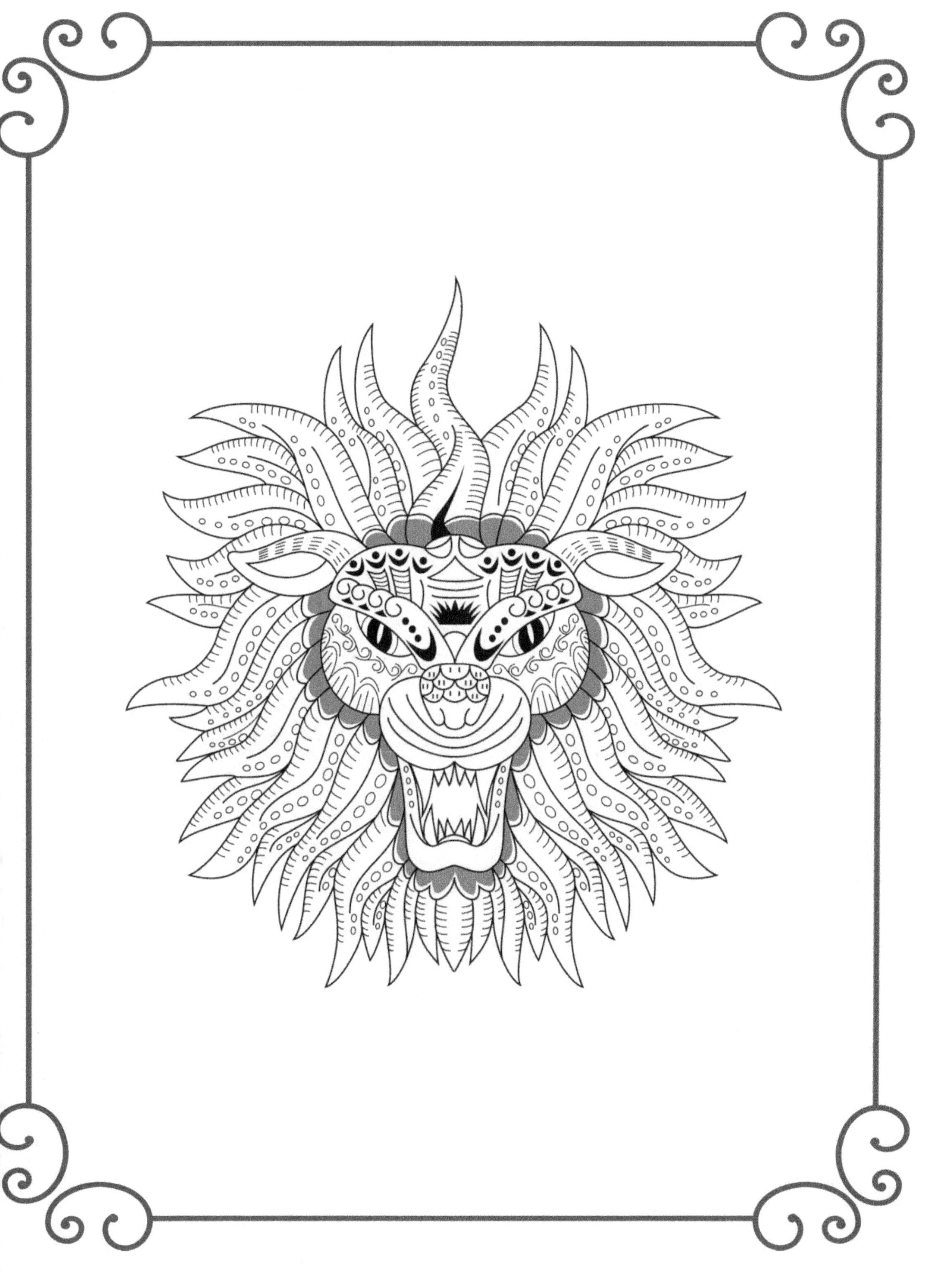

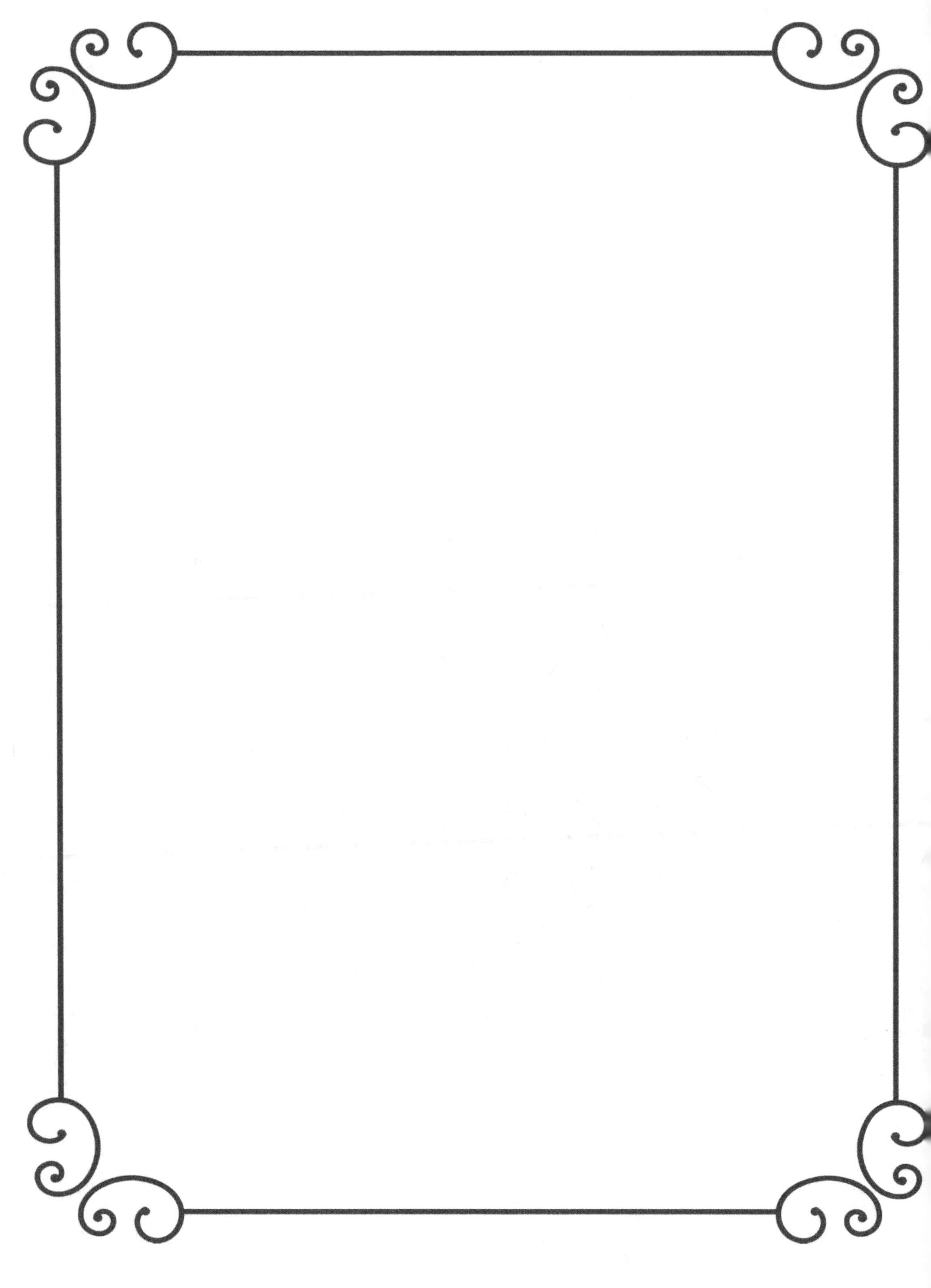

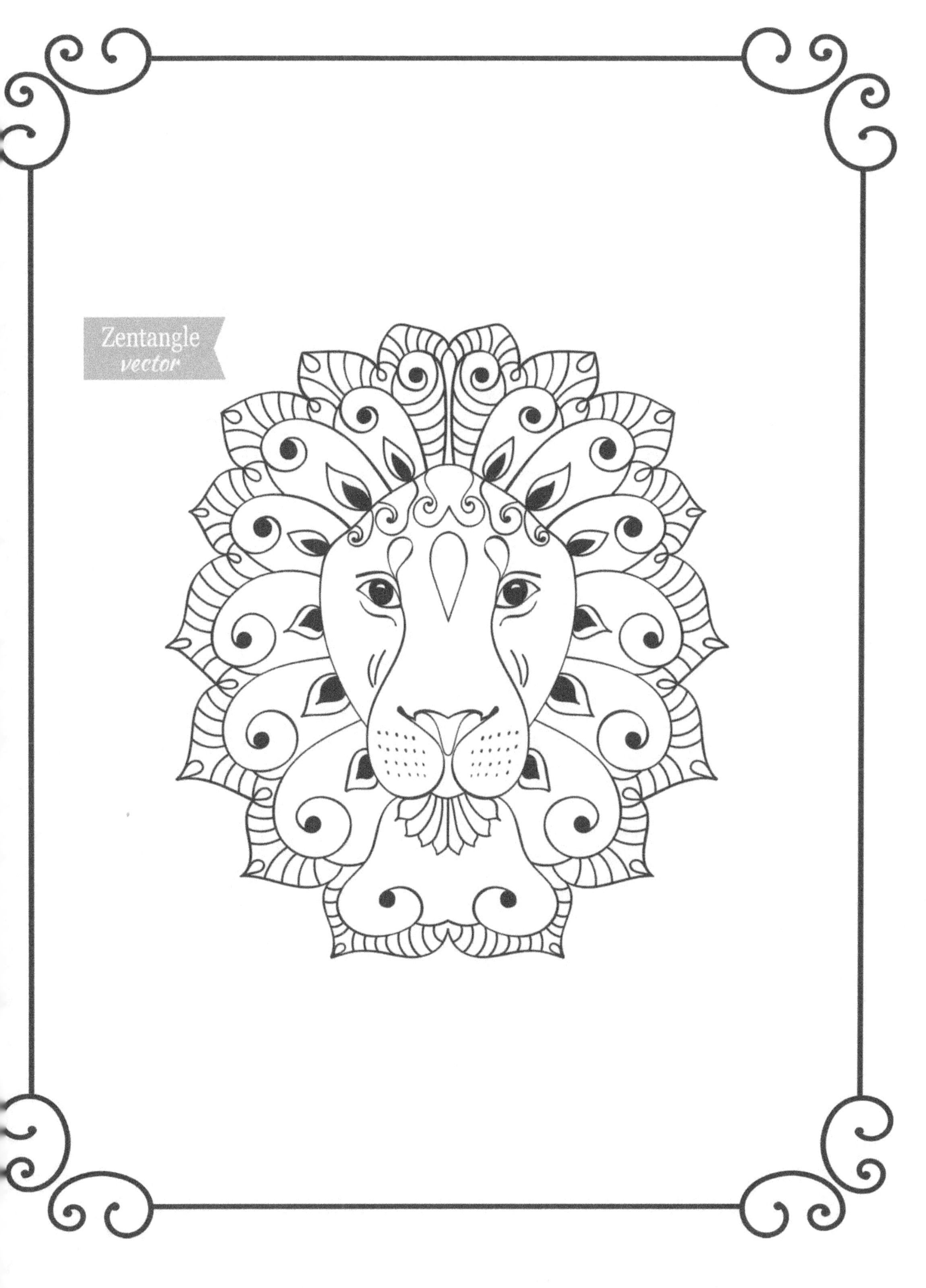
Zentangle
vector

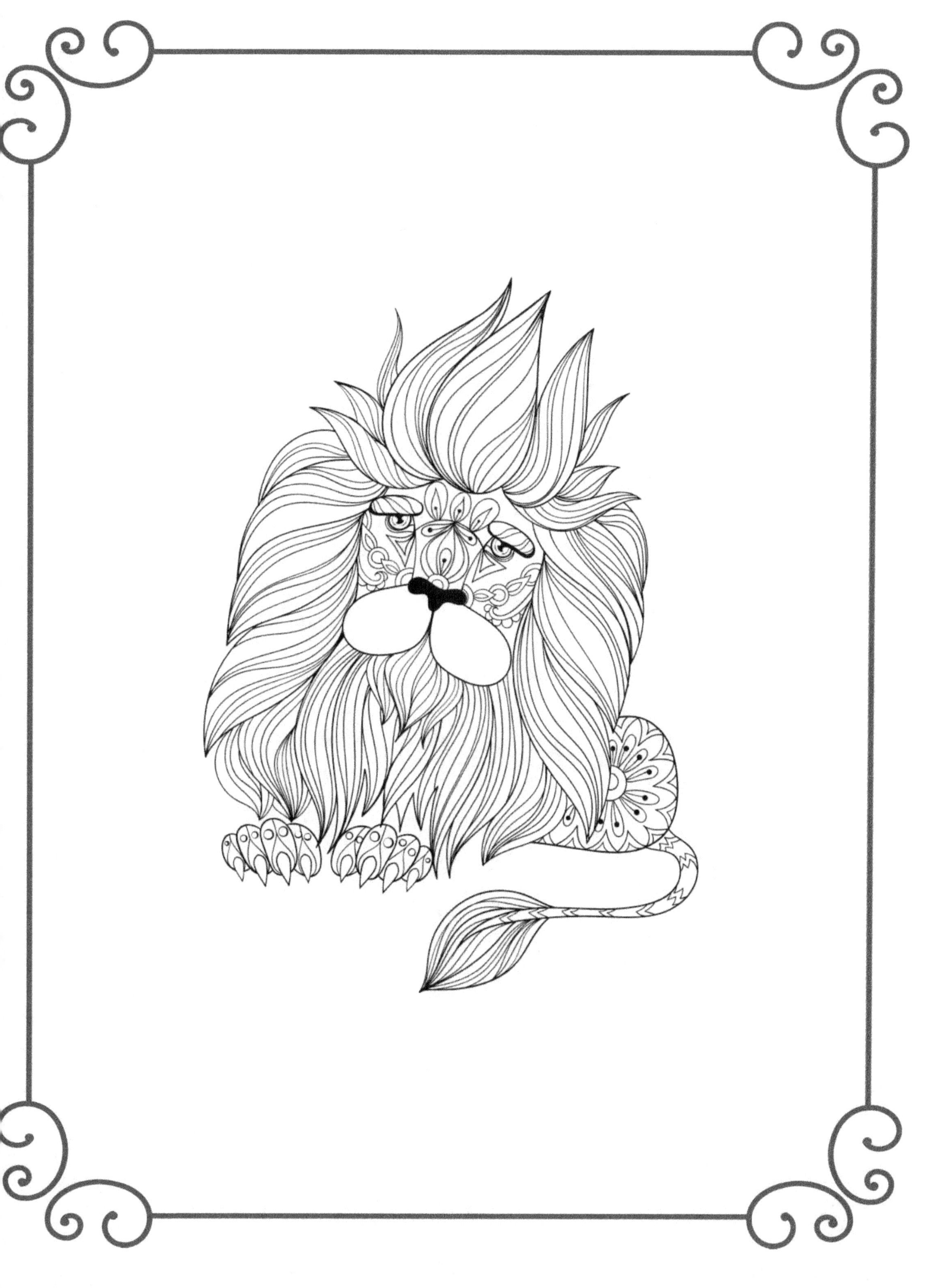

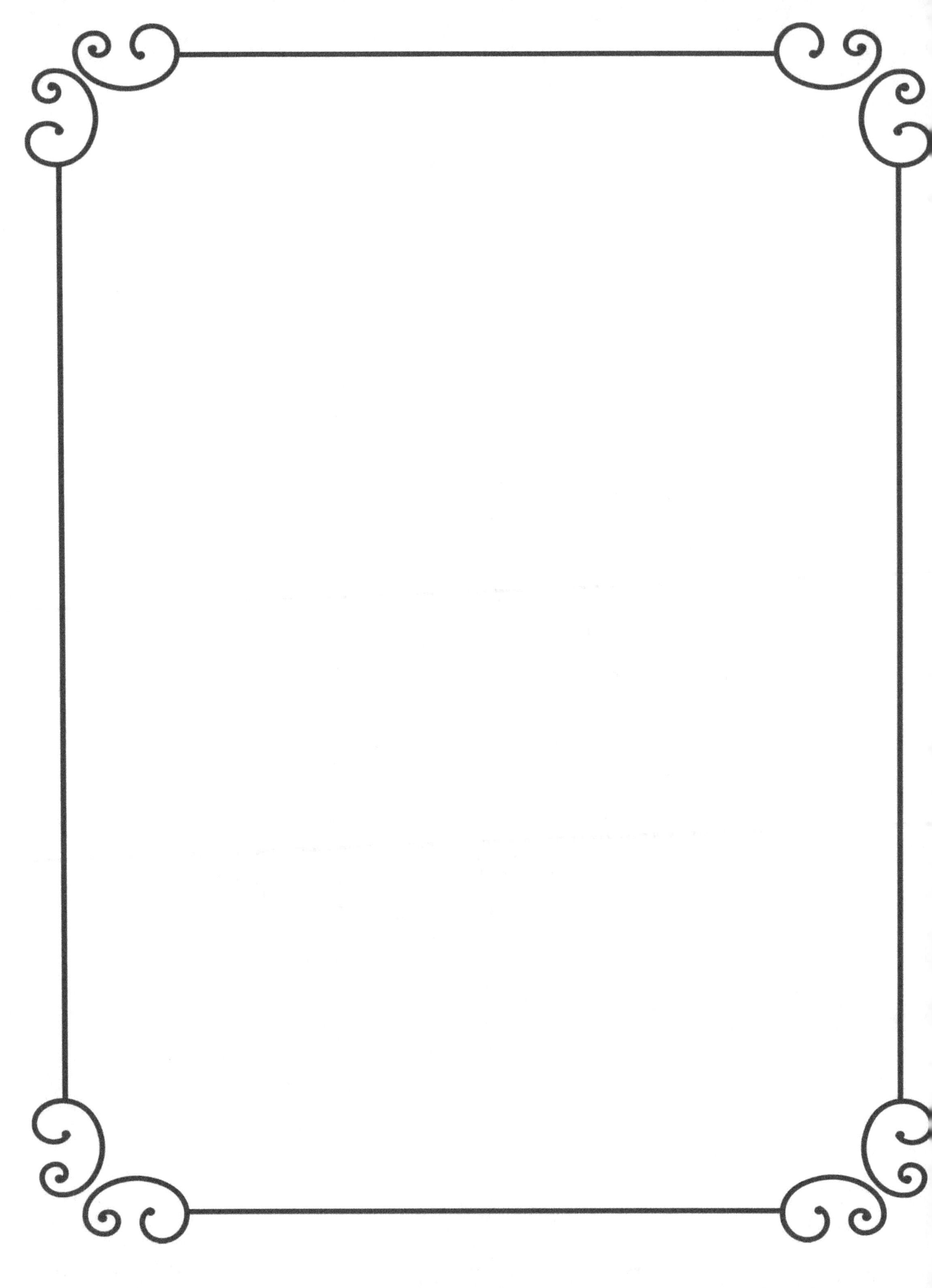

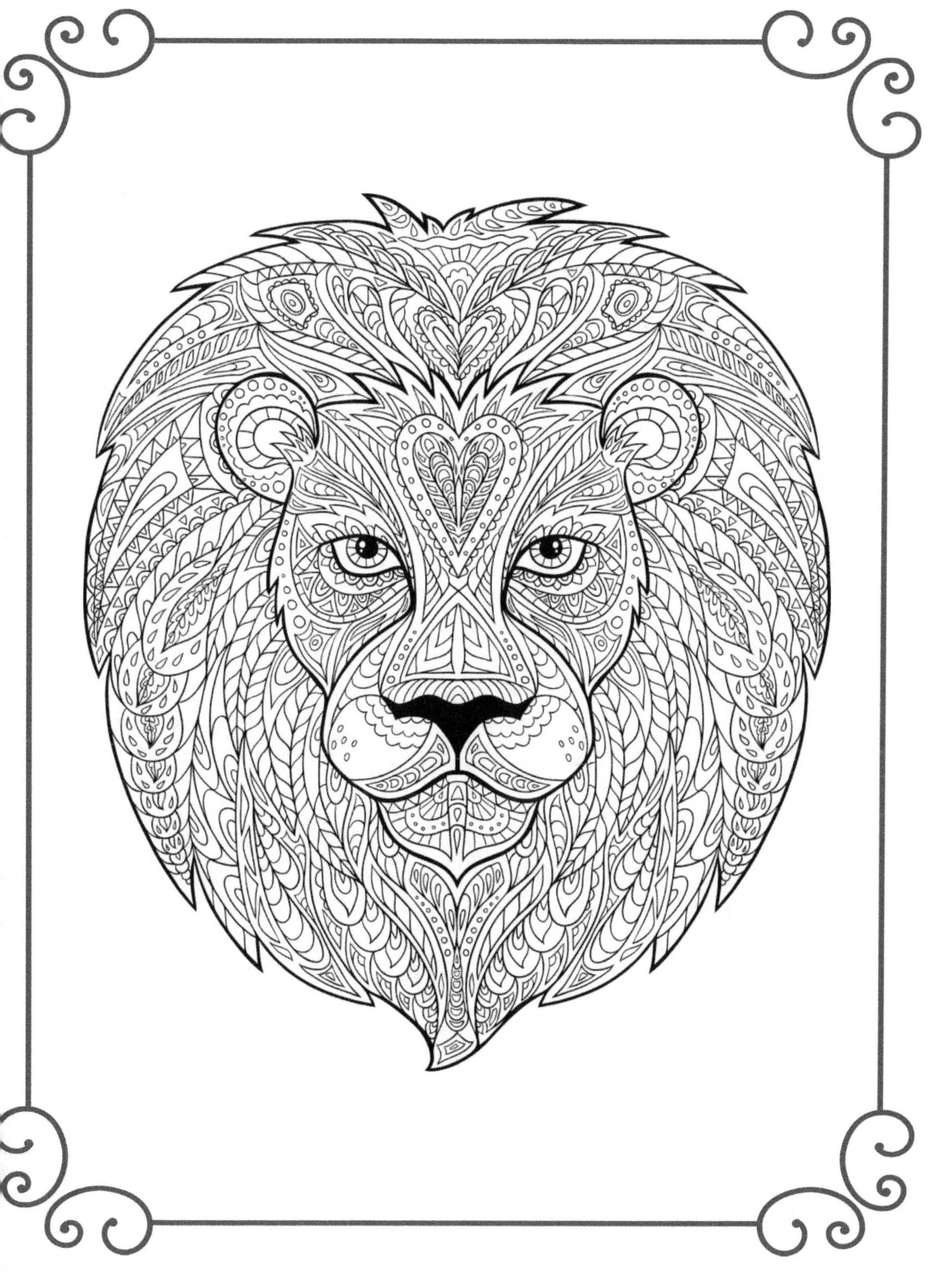

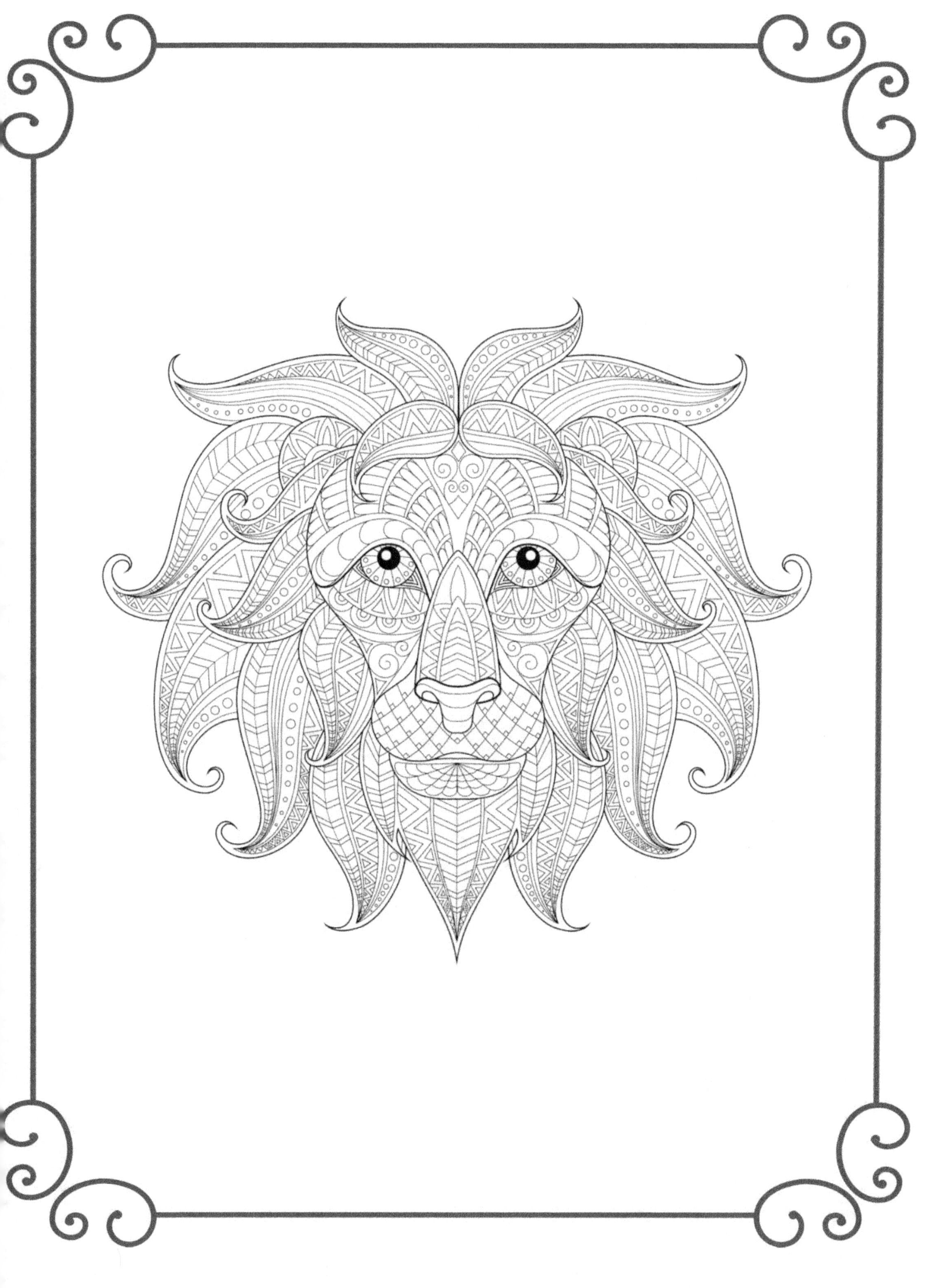